Rimes barbares

Fabien Rogier

Rimes barbares
Recueil

LE LYS BLEU
ÉDITIONS

Le trait

I

Je suis écrivain. Il est vrai que tout le monde peut prétendre et se dire écrivain. Mais celui-ci peut s'écrire en vingt mots, vainement avinés : pauvres écrits vains. En effet du moment que l'on écrive, soit un roman, une nouvelle, une lettre, une phrase, un mot, une ponctuation, eh bien moi je n'écris rien ! Oui malgré la logorrhée, je ne suis auteur de rien, du tout.

Un auteur aux mille feuilles blanches, ou sur lesquelles ne figure aucun mot. Les maux n'ont rien à dire, les mots s'en saisissent tels des prédateurs pour dénoter immédiatement par le signe ces émotions intimes. Les symboles en lettres capitales décapitent l'authenticité du sentiment. Nous croyons les exacerber par le lexique et la syntaxe disponibles. Rien n'est suffisant pour décrire ce flot d'émois que nous éprouvons ; les mots et les phrases sont incapables de trouver l'authentique mot en bouche ou sur le papier. En définitive, la littérature tente de paraphraser le réel intérieur, ainsi que le monde. Il n'y a pas de vérité correspondance ! Tout au moins une tentative d'adhérence à la véracité.

Je suis auteur d'écrits vains, alternant peintures et esquisses de poèmes, de haïkus, d'aphorismes, de bons ou mauvais jeux de mots, de lettres. Je cherche le style dans l'écriture mais il n'y apparaît pas, seule la lecture de l'écrit transporte les mots et l'économie de leur sens. Le ton et l'intonation du lecteur donnent corps au style du texte de l'auteur. La parole prend vie sur le texte. C'est pour cette raison impérieuse, impériale et périlleuse, que je saisis l'occasion d'être un auteur aux feuilles vierges. En apparence seulement.

Je suis un auteur de romans aux feuilles blanches. Cela peut vous paraître de la folie, de la provocation. C'est de l'inertie insensée. Les manuscrits que je fais porter aux maisons d'éditions ainsi qu'à mes collègues et mes alter ego de la profession les impressionnent fortement. Les réactions sont vives, virulentes, mais toujours réactives. Dans les différentes maisons de santé où j'ai pu vaquer à cette occupation littéraire, mes confrères ont applaudi cette audace stylistique, l'inspiration venant de l'éloge, celle-ci inspirée à son tour par le talent, le don. Les conditions étaient réunies pour que je conforte ma voie en la matière : l'écrit vain. L'écrivain qui est le seul à exploiter le sens et la désinence : celui du signe, la puissance du rien dans la jouissance du tout de la ponctuation. Miracle de la syntaxe qui détermine la sémantique. Le sens c'est la question ? Pourquoi les choses ont elles un ou du sens ? Je dirais même des sens ? Essence des choses – qui d'intonations de phonèmes d'un langage articulé dans une langue donnée ; qui d'un alphabet ou d'une idéographie ou d'idéogrammes – donne à dire, à exister, à décrire le monde ? – C'est un mystère.

Je suis interné pour ces multiples questions non résolues, ce grain de folie.

Mon dernier ouvrage : « le mille-feuille ». Mille pages numérotées de 1 à 1000 en chiffres arabes, plutôt indiens. Le lecteur a le choix possible d'y mettre la saga qui lui passe par la tête pour combler ce qu'il peut considérer comme un vide ; ou bien d'accepter ces milles pages vierges paginées et d'y contempler l'œuvre même du « non-être qui n'est pas » Parménidien qui « est ». Un simple livre vierge de mots, de signes, mais qui transperce le symbole : l'écriture. Le logos dans sa pureté même, « l'être – dans – le – temps ».

Dans mon hôpital, je plonge peu à peu dans la folie vraie, celle qui vous écarte du réel mondain, des autres qui se plient dans la norme. Pour ma part, j'ai quitté le normal ; je plonge dans l'aliénation la plus totale : l'écriture le signe et le symbolisme signifiant et signifié. Je ne suis pas fou ! Mais ici, dans la cellule capitonnée dans laquelle je suis enferrée en raison d'une crise aiguë de violence envers cet infirmier qui ricanait devant mon œuvre : je l'ai planté de mille pointes de Bic du visage au pied. Il n'a que des blessures légères, cyniquement, il est mon œuvre la plus vivante il gardera des traces de mon autographe.

Je ne suis pas fou comme les autres congénères, ma folie douce incomprise ; ne sont-ce pas ceux qui nous enferment qui sont les infirmes mentaux ? Difficile de les affubler d'une conscience propre, tant leurs mimiques, leurs gestes répétitifs et les protocoles qu'ils doivent appliquer à la lettre, ne doivent pas les atteindre dans leur équilibre mental. À force de côtoyer des malades mentaux ne le devient-on pas soi-même ? En relativisant les faits, les événements, qui se déroulent à l'extérieur ?

Je suis en prise avec mon imagination, je dois pouvoir écrire, même ici, en ce lieu propice, exigu, je suis lié aux auspices de cet hospice. Je vais aborder le normatif par le pointillisme et donner à mes pages blanches du fond et du contenu. Ce que l'extérieur n'exigeait pas de moi, me contraint, camisolé chimiquement, à l'exprimer par la syntaxe voire par les mots.

Voilà, j'ai pu négocier un crayon HB pointe fine, un taille-crayon et une ramette de papier en échange de l'amélioration de mon comportement mental. - Behavior - dirait l'anglais du coin. My british institute ? Je ne suis rien ! Qu'est-ce que la normalité ? Le normal et le pathologique sont intiment liés l'un à l'autre et s'annulent comme des contraires, ils se définissent conjointement pour en dégager une définition d'individu lambda au comportement « dit » normal répondant aux critères normatifs et moraux, aux convenances, à la bienséance.

Qu'est-ce que la normalité si ce n'est de la stupidité, un défaut de virilité, un surplus de vérité, comme des lèvres lippues sous botox. Rien à voir ! Circulez ! Sortez de ma tête ! Voix intérieures impromptues et interrompues ; le Codex n'est pas en ma possession. Je devrais réussir à le décrypter, voire le réécrire. La stupidité d'écrire pour ne rien dire est « le mot de ce siècle » avec le pacte autobiographique qui le lie. J'y renonce. Tout ce qui se dit, s'écrit de quelque chose, c'est de quelqu'un dont il est question dont il s'agit !

Enfin, ce sont des réflexions, des questions, que je me pose et qui se posent dans ma prose, en ce moment précis du texte que vous lisez promptement et assidûment. On me psychanalyse ! On m'analyse ! Tout est dans l'anal ! Que diable, je veux juste écrire cette nouvelle jusqu'à la fin et son point final. C'est l'asile – paisible et irrésistible, crépusculaire comme le crépidule attaché à la coque des navires. Je suis un transfuge de moi-même envers moi-même.

L'analyse tente de m'aider à savoir et connaître qui je suis. « Connais-toi toi-même » et saches que la seule chose que l'on sait c'est que l'on ne sait rien. Adage delphique reprise dans la bouche de Socrate : Humilité apprise dans l'humidité des larmes de la nostalgie mélancolique qui me tue à petit feu, doux : bipolarité avec troubles de la personnalité. L'objectif de la thérapie : stabiliser pour normaliser. Stop, le malade est consentant ? Le miroir aux alouettes ? Mon consentement est secret. Il doit le rester. Quel est le verdict ? Quels sont leurs diagnostics ? À mon encontre, je ne sais toujours pas. Il faut une acceptation du mal qui me ronge. J'accepte. J'acquiesce, non sans mal, mais mon sang coule hors de mes veines. Tentatives entamées au rasoir trouvé chez mon ami OCKAM. La couleur pourpre se répand sur le sol, j'ai de quoi écrire. J'ai mon encre. Je peux vous livrer enfin ce texte :

« Je suis un écrivain du rien, du out. Les causes de mon génie c'est la syntaxe, son maniement, la grammaire du langage. Ma maladie : le déni du langage ! Paranoïde aiguë ! La psychiatrie quel monde de folie ! Docteur en psy cela vous donne le passe-droit : diagnostic expression de cette maladie introvertie vers l'extraverti ! Euphorie aphasique et dépressive ! Quels chemins neuronaux m'ont mené là ? Moi l'homme, espèce appartenant aux trois grandes branches principales de l'arbre de la vie. Moi, l'auteur d'ouvrages qui symptomatisent ma souffrance mentale : je souffre d'une recherche de normalité dans l'irréalité de ma subjectivité que je crois objective.

Moi, je penserai à mes œuvres en tant que « du rien du fou », mais après tout je n'en ai rien à faire ni à foutre de ces histoires. Seuls comptent, pour moi, mon moi intérieur et mon ego transcendantal intérieurement in extériorité ! Ma dextérité grammaticale m'a mené loin du réel mais plus près du poème. Les noèmes et les phonèmes sont mes amis transcendantaux et universaux.

Le trait

II

; « Point-virgule », mis en apposition pour débuter une phase de phases aux phrasés impétueux. « Point » pour signifier l'occurrence et l'importance de la proposition précédente souligner cette même proposition au mode infinitif.

? Point d'interrogation, la question essentielle, celle qui vous renvoie toujours à une réponse moins qu'à celle du problème qu'elle pose. Elle est existentielle cette ponctuation, voire anthropologique. En effet, elle est le trait proprement humain de la syntaxe, le moment métaphysique de la grammaire. La problématicité du point d'interrogation c'est qu'il est question de point en attente, de mots, pour résoudre des maux de la raison.

: Deux points pour expliquer, énumérer, outil syntaxique pour démontrer la cause ou la conséquence : LA GRAMMAIRE ! Toujours cette même ontologie, la langue sans son support grammatical que serait-elle ? Une langue idéogrammatique, idiomatique serait-elle concassée par cette grammatologie et la ponctuation ?

… Points de suspension, laisser le temps de la réflexion au lecteur et à l'auteur de dire en écrivant ce réel si insaisissable qu'il en est haïssable. Le poème et le phonème qui va avec, c'est ma raison d'être. Mais mon sang se répand encore à terre, je me reprends ; mais je perds mes esprits, ma conscience, ma réalité. Je cherche, des mots pour mes maux, la ponctuation en plus, le sentiment en moins.

! Point d'exclamation, c'est l'expression de l'exaltation, l'intonation par excellence du sentiment exacerbé, des émotions les plus profondes en soi, en nous. La colère de vivre à l'encontre de soi, une haine renfrognée gardée en soi, pour soi. Le point d'exclamation c'est la proclamation de la rhétorique.

Si l'analyse pouvait permettre de prétendre à la guérison, le guéridon du jardin d'Eden ne serait pas là devant mes yeux qui le voient. Si je pouvais parler simplement, je ne supporterais pas la moitié des mots employés dans le dictionnaire. Ce célébrissime dictionnaire, qui incarne la dimension encyclopédiste du dix-huitième siècle et l'ambition de l'omniscience de l'hominidé que nous sommes, m'horripile. Et pourtant c'est le temps, la dimension première, qui m'exalte le plus. Exaltation du syntaxique sans le toxique qui l'accompagne. Voilà ce que je suis : un jus de fruits sans la pulpe de ce même fruit qui compose ce nectar. Point final !

Le « point », ouvrage majeur de ma lithographie personnelle et professionnelle, il a fait fureur et quelques milliers d'exemplaires vendus, à compte d'auteur, certes, mais vendus. La structure du livre s'appuie sur la double propriété du « point » à la fois syntaxique et mathématique – géométrie euclidienne et non euclidienne comprise. Ce poing – main fermée sur elle – même prêt à frapper, n'est pas final, encore moins l'expression vitale in extenso en nous mais bien l'anaphore du point syntaxique de la grammaire et du langage qui est propre aux occidentaux. Nous « occis-dentaux » sommes frappés d'amnésie : le fond du langage, quel est-il ? Repose-t-il sur l'articulation qui hait le geste ? Le geste et la parole ? La figure est la parabole ! La figure de style ? Peut-être pas. Mais comme Jacques Derrida, je pencherais sur le sens de la marge et de ce que l'on peut y écrire ? Écrire à la marge ou écrire en marge, j'ai opté pour la seconde : œuvrer et travailler avec la syntaxe seule et comme brûlot le point et à brûle pour poing comme cheval de bravade.

Anagramme géométrique, le point est fondement de l'écrit graphique et idéogrammatique. Sans lui, rien n'est possible, il est l'unité indivisible par laquelle nous pouvons écrire et, en finalité, former des mots. Cela est encore plus criant avec l'informatique contemporaine. Le calcul infinitésimal en zéro et un nous l'a permis. Le point zéro, le big bang initial et final, si l'on adopte la théorie de la contraction de l'univers. S'il est en expansion, le point devient suspension. La possibilité en quelque sorte ?

Brève escale dans le temps, en montant les escaliers qui mènent à ma chambre, j'ai entre aperçu mon ombre impertinente, ébranlant mon regard hagard et, brigand, je tente de m'évader du vil visage que j'ai en face de moi. J'efface de moi le reflet d'un revers de la main : la buée disparaît. Pour réapparaître aussi fugacement qu'il m'était apparu. Quel est ce fantôme de moi-même ? La feuille blanche ? Transparente ? Translucide ? La lucidité du malade chétif se voit dans la malignité de ses douleurs qui, telles des tumeurs tumorales, s'incisent et s'excisent. Je ne sais si ce cri infernal en moi cessera un jour ou se taira un jour ; je ne suis persuadé que d'une seule chose : je suis un être à part tant neurobiologiquement que par le tempérament vif-argent que me confère ma maladie. Tempérament au mercure de ma vie de mon amas cérébral fait hausser la température elle-même qui augmente en phase ascendante : c'est l'exaltation dans l'expurgation.

Le traitement continu et contigu me fait passer du haut au bas, puis du bas au haut, sans dérèglement frontal de mon infantilisation qui dort en moi et se réveille, seule bullé d'euphorie que je souhaiterais permanente comme le permafrost qui est sensé ne jamais dégeler. Or tout coule, se décongèle, l'eau qui coule n'est jamais la même, selon les philosophes présocratiques dont le nom m'est passé par-dessus le chapeau. Mémoire, ma mémoire défaille. Elle a des trous que je n'arrive plus à combler, comme sexuellement, je ne le peux plus avec mes dulcinées. Je voudrais pouvoir faire pleurer les nuages, comme le dit bien l'adage chinois. Mais la seule chose qui me reste, c'est l'onanisme comme exutoire. J'écris mes points, mes virgules, mes points d'interrogation, ceux d'exclamation, mes deux points, mes parenthèses d'amour, mes points-virgules pour arranger mes idées noires et blanches et enfin mes points de suspension qui me permettent de poser et composer avec le possible et le compossible.

La feuille aux points, mes poings sur la feuille, ma main serrant le crayon, je pointille sans marge, essayant de donner forme à ma folie une image, un contrepoint à ce qui se dit de moi, ou se dédit de moi. Je ne peux pas arriver à expliquer cette compulsion, qu'avec complaisance et sous l'impulsion et l'émulsion, de l'émulation de mes sentiments qui me mentirent cent fois, à bien des égards, tromper mes sens ébahis devant mon génie qui n'a de génial que celui qui pense comme le pissenlit : manger par les racines. Les vers y glissent comme glisse, entre deux plaques de verre, la mince pellicule d'eau que l'on a glissée. Le réglisse me fait le même effet ! (Il fallait faire un effet de redondance.)

Même si dernier est raté ce n'est pas ce que je recherche bien au contraire. Je vise à atteindre une position extatique dans le texte et extrême dans le point sémantique. Car je veux poser le pont entre le syntaxique et la sémantique. Pourquoi pouvons-nous agir de nous-mêmes ?

La géométrie euclidienne peut nous le permettre par ces axiomes.
« Par un point et un seul point passe une infinité de droites ».
« Par deux points passe une seule et unique droite ».

Ces deux axiomes sur lesquels je compte m'arrêter pour l'instant me semblent importants. Ils sont au centre de mon projet d'écriture.

En effet, mon livre *le point* m'a permis, par ces axiomes, de remplir des pages entières me permettant par le biais du pointillisme non pictural mais scriptural, de décrire mes émois, des constellations telles celles du lion, du capricorne. En revanche, tout était en noir et blanc, comme mes dents jaunes et blanches. Le point m'a permis de franchir le cap du vide de la feuille blanche, d'y entrevoir le « très fond » de ma pensée libidineuse, sinueuse, insidieuse et mafieuse. L'esprit ouvert à l'envers du décor, mon corps ne suit pas toujours cette vivacité d'esprit neuronale mais j'envie ceux-là : les normaux du bocal. Il n'y pas de normalité. « Il n'y en a pas un sur cent mille, les anarchistes ! » chantait mon ami Léo Ferre, il en est de même pour nous et pour votre cerveau, le mien c'est la même chimie qui nous guide, mais l'alchimie, parfois, peut se révéler fort coûteuse et douloureuse mais également chaleureuse comme la braise. Je baise les pieds du divin hasard qui m'a fait naître ainsi, je suis à part et en contre-point.

La partition reste toujours à écrire et réécrire, sans cesse et vainement reclus dans les Cévennes.

Je pourrais ajouter un troisième axiome sur les droites parallèles, lesquelles sont pour moi une énigme, elles ne se rejoindront jamais. Elles ne seront pas sécantes. Or, cette infinité et ce transfini, déjà présents dans le concept et le logos, dans les écrits euclidiens, me terrifient et me transportent à la fois : je suis le transfuge mathématique du point. La base élémentaire de toute configuration, autrement dit la métaphore de l'atome de la visée philosophique d'une particule élémentaire : le point nominal. Conscient de lui-même.

… ?

Pour quoi ? Comment cette disparité de points moléculaires peut-elle permettre de rassembler cette quintessence, l'osmose c'est le cosmos du logos.

. !

Comment ne pas dire que la ponctuation à elle seule n'est sémantiquement signifiante et « significative » de sens : la cicatrice de nos pensées couchées sur le papier ou dans l'air expulsé de nos bouches qu'est la parole. La parabole c'est l'univers.

[proposition]

On aborde la syntaxe mathématique avec sa teneur algébrique A=B=C, la relation de transitivité. La triade essentielle, les éléments eau, terre, air, feu, y est-elle pour quelque chose ? ou quelques schismes ou schèmes conceptuels encore imperceptibles à la pensée métaphysique et surtout logique et métalogique ? La cause et la conséquence de ces méfaits ne sont dues qu'aux faits eux-mêmes ! L'empirisme logique a ses conséquences que l'on ne peut pas ignorer réduire le langage à un simple calcul :

$\grave{A}$ = A, la relation d'identité
$\grave{A}$ = non A, la relation de non-contradiction
$\grave{A}$ = B, la relation d'égalité, etc.

Le trait a pour moi la pureté du sens, c'est le titre de mon dernier ouvrage en cours de rédaction, le trait c'est le segment, la segmentation. Le segment, l'intersection entre deux droites. C'est le conséquent qui parle, la séquence du coin. L'angle droit, le calcul en degré, le nombre infini PI et le nombre d'or.

Ce nombre d'or marque la fin d'un œuvre, qui se voulait a-littérale, elle en devient latérale et elle est oblitérée du sceau de la fatuité et de l'incongruité propre à cet exercice de style. Et c'est en cherchant ce style, mon style-stylet, ma volonté de laisser une trace auprès de cette faconde qu'est la Lituanie des litanies de la littérature. Le style ne permet que l'identité de soin auteur dans son œuvre tel que l'indique son étymologie.

Mais l'éthologie de mon comportement animal, ma part maudite, l'étiologie de ma dyslexie, ne cessera qu'avec mon devoir accompli du dernier combat : l'écrit versus la peinture, le ventru contre le lippu ; les Lilliputiens n'ont pu réussir à réinvestir leurs ontologies : l'existence réelle. Tout disparaît comme le style qui devient académisme une fois l'euphorie du génie passée.

Je me suis emmêlé dans ma propre mélasse, faite d'espoir de la maîtrise de la grammaire et de la modalité de l'être, par l'enchevêtrement des lettres et des mots auxquels, en définitive, je voulais échapper. Vision extatique que je n'ai pu mettre en œuvre. En passant par le point, les droites, les figures, la géométrie, y compris non euclidienne et les fractales et les fonctions asymptotiques, je ne peux empêcher le logos et le sujet, le conceptuel, de prendre sa place dans mon intention artistique. Le chef-d'œuvre inaccompli est la première devise et inflexion vers lesquelles j'aspirais. Mais j'expirais en moi-même mon dernier souffle « d'énergeia ».

C'est la fin. Je suis mort. J'ai tiré un trait. Un trait tiré sur mon « existe – stance ». Elle n'avait d'intérêt de se poursuivre que jusqu'à ce que je juge son importance pour moi. Et c'est en tant que sujet actantiel que j'assume ce que je subsume sous l'audace de mon suicide. Je me déicide de mon propre chef, afin que mon œuvre écrite ne tombe sous couperet des figures de style, des tropes et autres psychotropes des littérateurs qui pourraient faire de mes mots « discourtois », des courtoisies qui friseraient la banale hypocrisie.

Fin du Trait, qui fait place aux mots, entrelacés par les verbes d'action, le sujet, l'agent et le complément d'agent, le complément de sujet : les LIBERTÉS !

Borborygmes et faux paroxysmes

Que dire ? Quoi faire de cette anamorphose ?
L'homme se métamorphose !
Elle est peut-être la bête qui, en moi, sommeille ?
Elle hiberne en moi, comme elle, je suis en état de veille

Bleu foncé et point d'interrogation
Virgule et point de suspension.

Que sommes-nous ? Qui es-tu ?
Que voir ? Qu'y regarder et qui observer ?
Qu'est-ce qui nous reste à lorgner ?
Par cette œillade diffamante et déformante ?
Tout cela ne peut rester formellement
Qu'un dessin, d'un « design », d'un croquis mal fini,

Des affreuses rimes,
Des affres, elles, riment entre eux.
C'est littéralement un visage esquissé, qui,
Tel un aphorisme exprime en quelques mots le paroxysme.
C'est l'effacement d'une pensée au profit d'un borborygme,
Comme des onomatopées qui en disent plus long que des « discours ».
Toi viens là ! J'ai comme un relent d'émotivité que l'on a tous en soi :
Vomir tout en deçà, la part de moi !

Appellation

Je me pèle et je m'épelle comme elle
Comme une paire d'ailes,
Je coupe l'ombrelle afin que le soleil passe
Simon PASS est passé dans ma vie,

Pour un bref moment, mais suffisamment,
Pour bien laisser des traces, sur une table de chevet : romans.
Un bon repas frugal, des larmes de joie entre gens bienséants.
Pour laisser des traces de pas, sur une table basse, ou à manger.
Quelques cheveux imbibés du chimique breuvage qu'est ce cépage.
Je veux casser et gagner des briques, des pensées d'effluves,
Refluer le fleuve couleur pourpre qui coule dans mes veines,
Des canons nasales ou nasaux pend un filet de sang

La blanche a fait son effet sur mon alter ego,
Je m'en passe je dispose du vers comme je l'entends
Je tends un verre de Bordeaux Graves ? Pour que cela s'aggrave ?

Nauséeux

La nausée ; vomir ; avoir l'envie.
Vomir finalement ses tripes
Rechigner à rendre son repas
Se repaître des autres ; apparaître
Puisqu'en définitive tout revient à cela.

Nauséeux, je ne le suis pas parce que je suis triste
Ni encore moins écœuré ni colique, juste baptiste !
Bilieux ; angoissé, régurgiter le repas de la chair
Mon non-contrôle du coït : le scatologique dans l'air
Tout doigt doit rester figé ; ta main dans la gorge afin d'éviter
La nausée ! Insensible, « interstitiel » : l'environnement
Celui-ci ne peut se mouvoir : il vient à vous par l'estomac

La nausée ; la vomissure injectée de sang
La nausée
Voilà bien un mot,
Une senteur, une sensation partagée
Une odeur âcre et amère et aimée
Nauséeux je ne cesse de l'être.

Bilieux

Bi-lieux, deux endroits en moi !
En droit positif, en droit négatif !
Bilieux car l'angoisse c'est comme
Une peur sans objet,
Un seul en sujet l'homme

Abnégation de ma liberté, lieu même
De ma perdition en cheveux et écheveau
Mince et soyeux rien n'échaude le bilieux.

Bi-lieux : angoissé et fiévreux
D'amour déçoit, déçu d'amour de soi
Déchu d'émois, mais encore ?

Bilieux, je ne sais pas encore,
Ce qu'est la mort c'est ce qui me déçoit,
Bien que la cherchant du matin au soir, elle échoit
Au seuil de ma raison : parfois frôlée, sans pouvoir la montrer.

L'ossuaire est déjà installé,
Bilieux d'angoisses
Incessantes et impatientes
J'ai deux endroits dont l'envers
Ne se brisera pas : lequel aura raison de l'autre ?

Visage radieux

C'est un visage radieux que l'on voudrait avoir,
Rien à voir aux rôdeuses rides des visages,
Celles-ci, arrivent avec le temps sans sourires,
Être radieux, irradier de bonheur :
C'est pour les autres qui vous entourent !
La déroute des rides sous l'amalgame des crèmes
Censées réduire l'insensé : le temps, la vieillesse.
Le temps c'est du vif-argent !
Crème de soins et engons de nuit,
L'immortalité dans le mercure, boissons des dieux-hommes !
Empereur ou simple mortel telle est la question ?

C'est un visage radieux que l'on cherche à montrer même dans la mort !
Embaumement du sommeil du juste, meurtre de la beauté même !
Aguichante, léchant, appelant, épilant, désopilant et quoi encore !

Radieux le visage du bipolaire qui se regarde dans le miroir
Surtout qu'il est toujours dans l'attente d'un couloir,
Qu'il soit celui des « filles » d'attentes à celui du mouroir.

Radieux l'homme
Radieuse la vie,
               On se le demande toujours !

Questions de femmes

Le Firmament va en deçà et au-delà de l'horizon
Tout dépend de quel côté du pôle se trouve-t-on ?
Du Nord ou du Sud ? Différentes sont les vues des constellations
Ce sont les possibles et différents ciels étoilés :
Avec toi j'en ai vu je t'en ai fait voir des nouvelles
Nous en avons même découvert de nouveaux :

Gémeaux ascendant taureau
Puis nous en avons généré d'autres
Celle du Sagittaire et celle du cancer ! Encore d'autres ?
Les aurores boréales quant à elles,
Quels que soient les pôles où nous sommes
Elles y restent toujours d'une réelle magnificence !
Bipolaire je suis ! Tu l'es avec moi, quelle chance !
D'avoir la possibilité de voir le monde comme plusieurs hommes.

Tu es mon Nil, bleu ou blanc,
Comme le fleuve incandescent sous le feu de RÂ
Les eaux descendent elles-mêmes du Sud vers le Nord
C'est le plus majestueux et le plus mystérieux
Des fleuves : où est la source ?

Source de vie, depuis des millénaires, fleuve civilisateur, fertiliseur.
Son secret enfin trouvé vers la fin du dix-neuvième siècle
— Tout est question de Rythme –
Dans la découverte géographique
Ou bien psychologique,

Jusqu'à quel point peut-on aller au bout de soi
Et à quel rythme le souffle de la vie peut-il être mirifique ?
Le firmament et le Nil n'ont d'égal
Que l'Hospitalité du cœur !
De ton cœur !
Ne suffit-elle pas à réanimer le souffle de la peur du malheur
Pour une quête de bonheur ?

Comme un grain de Sable, l'humidité et l'humilité,
S'associent pour donner un désert :
Sur lequel tous s'accordent à dire,
Que les merveilles du monde y ont leurs places.
Nous parvenons devant la contemplation des forces Célestes.
La Mise en œuvre du Contrat de vie avec soi,
En soi, pour soi, pour nous

C'est l'autre qui vous le donne, le « je – tu » s'adonne au « nous »
Nous sommes aimants et amants du premier aux derniers jours :
Sans flagornerie, sans flatterie, vraiment, aucune.
On est toujours sous la Houlette de quelqu'un, de quelqu'une.

Les écrits vins

Les écrits vains, sont-ce ces gens accoudés aux comptoirs ?
Ces bonnes gens, du tout à chacun, incertains, rangés en boudoirs ?
Les écrits vins sont-ce ces verres
Trinqués et troqués
Contre des vers solitaires.

Anamorphoses et andropauses, à l'assommoir
On peut toujours corriger ce défaut du soir
On joue du coude qui nous guide à la bouche,
On déjoue du dé, on trinque à… on blague à part
Fumerolles de tabac à fumer, à rouler, à pipe, exposition d'art ?
Articles en tous genres : revues et journaux pour potasser et papoter
Blanc de blanc, petit muscadet, café et chocolat
Tout y est pour se sentir bien

À prendre son verre et partager des moments anodins du quotidien.

Les écrits vins

I

Ce ne sont pas les **prolégomènes**
À toutes les emphases de Philomène,
Qui m'embarrassent tous les jours et cela tellement
Que je souhaite ardemment que ces fadaises
Cessent au plus vite car elle provoque en moi une **anamnèse.**

Tout comme **les salmonidés** remontant le cours de la rivière
Se rendre à la source originelle,
Le ressouvenir de Philomène en arrière
Appelle en moi une **anamorphose** irréelle

Le miroir du souvenir d'elle en moi repose sur une **virtualité** :
L'homme poisson que je suis est en plein **barycentre**
Entre le souvenir et le reflet de mes écailles sur l'**angle mort,**
épicentre,
Du comptoir sur lequel je me suis accoudé
Picolant mon blanc de blanc, arrosé.

Las, positionné toujours en latence, remontant le cours de la rivière
Je suis sous le regard **concupiscent** de cette femme bière,
La pro flexion n'a ici rien à voir avec la pression ni la précision
De l'incision en vers ici servi comme instrument de précision

C'est le retour à une pratique pro nuptiale,
Une maïeutique qui est de l'ordre du prénatal
De l'**haptonomie,** à l'autonomie au simplement beau :
Et si les enfants naissaient dans le cœur de l'**Artichaut.**

Les écrits vins

II

Les écrivains de la beat génération ne sont plus là :
Jack Kerouac du clochard céleste est mort ici-bas
Au Festin nu d'Allan Ginsberg, du meurtre de sa femme absout
Mais il a fini comme le dernier des proscrits de la littérature :
Un certain oubli le tout est un zest de ratures
D'impunité et d'intimité avec l'aiguille et son chas.

La **shooteuse**, agrémentée de la **schnouf** vous envoie
De l'autre côté du miroir : Alice, où es-tu ?
On vous vend les vertus de l'abyssal canon de beauté : le festin nu !
Zoomée et habilement placée dans un déshabillé :
On vous **crack** tels les virus, ça vous chauffe les narines
Comme les apprentis de la vente, on peaufine.
Le piège de **cristal** c'est le remède de **cheval**
Car quoi de mieux que de l'**afghan**,
Qui ayant cheminé de l'orient à l'occident,
Qui de pur aloi vous transporte loin de vous…

Quoique la **blanche** colombienne soit la plus pure
La cure s'avère sévère et austère même si la **ganja**
Du Botswana m'a mis dans un mauvais **trip**.
Tout n'est pas question de dose
Dans celui qui te fourgue le poison doré

Comme le salmonidé, tu peux remonter à contre-courant,
La vie est en osmose avec le maudit, jamais avec l'eau de rose
Le passager noir est en **overdose**,
Souvent, la porte est close

Et pourtant
Les portes de la perception s'ouvrent sur un autre « dit mention »
C'est le Big Bang des neurones : un instant,
C'est un intact instinct de démolition qu'est l'addiction.

Les écrits vins

III

Dans les bouteilles et verres qui s'y ajoutent, ou plutôt s'y jouxtent,
J'ai vu une **chatte** passer par la trappe et marcher à quatre pattes.

Partie depuis quelque temps j'ai bien peur qu'elle n'en ait profité
pour s'escarbiller, s'esbigner pour remplir ses **ovaires**.
Ma chatte « Laval » avait pris ses guêtres.

Je ne peux savoir si elle a pris ses précautions
Lors de son excursion, elle a dû croiser moult **morpions**
Égarés soit sur des congénères, soit parterre ?
Mais le **poil** dru, semble indiquer
Que c'est son **vibro** à chatons, ses mamelles pleines me l'indiquent.

Elle ne mérite pas son nom Laval
Car chez elle, les odeurs sont les mêmes entre son sexe et son **anus**
Une odeur anisée. Est-ce dû à la **partouze** d'hier au soir dans la rue :
Où les chats miaulaient, crissaient à la mort, appuyés sur leurs tendons.
Laval tout en elle rappelle la petite **vérole** et les **oreillons**
Cette chatte c'est mon symptôme, mes boutons !
Elle est mon **palindrome**
Mon Laval tout !

L'écrit vin

IV

Salo ou les cent vingt jours de Sodome
Le marquis de SADE lui-même aurait pu y alimenter son imaginaire
Dans mes exaltations de nuit de **sodomie**
Même si celles-ci débutent dans le flot et le flux
Les mots débitent un semblant de préliminaires
Sans que tout cela ne soit extraordinaire
Tout commence soit par une **fellation ou un cunnilingus**
Les deux à la fois, cela dépend de sa connaissance du
KAMASUTRA.

Tout n'est pas affaire que de position et de séduction :
Il nous faut un mâle reproducteur
Et une femelle matrice pour l'acteur.
On peut penser que tout n'est qu'effluves
Hormones et phéromones « sensualisées ».

Notre sexualité n'est pas ce qu'elle est
C'est là où les sens sont enlisés :
L'un est porteur de **spermatozoïdes**
L'autre dépend du cycle d'**ovulation.**
Mais l'acte sexuel n'est pas que visée reproductive
On le perçoit dans la **Pénétration,** la vive !
À citer : du rentre-dedans ! C'est la clé élective !
Au paroxysme de la **Vasectomie,** elle avive !

L'essence de l'éros, l'objet que l'on rutile !
N'est plus donné que comme utile :

Un « sexe toy » personnalisé, sans la crainte
Qu'un soir de beuverie et par abus de pinte
De voir poindre dans neuf mois un mouflet !
Et d'avoir à oindre ce mouflon à souhait. !

À nous deux, à nous trois et plus les jeux d'amour
Tartiner de **Beurre** ces corps langoureux,
Et y ajouter, pourquoi pas, du **Nutella** pour…
Il y a tellement de corps en **Confiture** amoureux
Cette gelée humaine : toujours cette même obsession
Qui tambourine comme une scansion !

Les mots sont toujours les mêmes
Quand il s'agit du « je t'aime »
Moi non plus, je veux juste qu'on s'aime
Une fois, pour un soir ou par hasard un peu plus longtemps.

L'écrit vin

V

J'ai voyagé sous les tropiques,
Sur un navire à l'allure de radeau
Après moult escales

J'ai pris le temps d'aller au Brésil
Visiter la **BRAZZAVILLE**
Située loin dans les terres

ST LAURENT ZELAMERE
LE MANS ville ouvrière, son Abbaye
Ville de rois qui ne l'ont jamais occupée
Fraîcheur et froideur des cœurs

Humidité et moiteur tropicale de la **GUYANE**
Sécheresse et torpeur de **N'DJAMENA**
Ces vieilles villes d'Afrique **d'ATTI,**
MONGO, MOUSERO,
Et bien d'autres îles que sont ces ports des désirs déchus

Aux portes du **LIBAN,** où trop longtemps a coulé de sang
D'ABECHE à MARIE PASSOULA jusqu'à **CAYENNE**
Les forçats des pénitenciers, et les marins ont en commun
Le sentiment de la distance et de la persistance des parfums
La mer me manque tout autant que ces villes aux senteurs particulières
Ces gens, ces hommes et ses femmes que j'ai pu rencontrer hier
Il ne m'en reste que des souvenirs des saveurs et des senteurs
Que je peux pointer du doigt sur un planisphère, cap sur les sons d'hier
La marine a ce don du métier qui disparaît, quand de guerre lasse
On arrête de naviguer on s'aperçoit, on se souvient des lointaines passes

L'écrit vin

VI

Grosse est ma : tête !
Petite est ma : vie
Charnu est mon : corps
Vieille et lippue est ma lèvre !
Je décrie et je décris ma Belle-mère ?
Raclette, impatientes des pupilles de ma mère
Odeurs persistantes de mes pieds austères
Bisous pour ceux qui meurent à feu doux !

L'écrit vin

VII

Fainéant, je le suis
Assisté j'aimerais le rester
Trop cher pour m'acheter
Payer le racket fiscal, c'est s'endetter
Marre, quand on y est dedans : on y crève, on s'y noie
Ne plus travailler, c'est enfin se libérer
Toucher un libellé labellisé
Richesse je te veux, et je t'en veux
Car travailler « Trepalium »
Torture est ton nom !

Improvisation

Dans mes épousailles avec un épouvantail,
Je me suis trouvé les entrailles remplies de paille.
Les paillettes des orpailleurs sur la rivière
Ont fermé leurs tiroirs-caisses : pas d'impairs sur les vers.

Pangramme alphabétique

« ABCD – EFGH – IJKLMNOP – QRST – UVW – XYZ », disait Mozart

Kou s'attendait fébrilement à ce que le wagon, vénal, restaurant ne se désaxe pas du rail ; ne lui restant que quelques yens en poche pour gagner hardiment son repas agrémenté de riz.

Un Pan Gramme n'est pas une unité de mesure ni le kilo, ni le yen, encore moins le won, mais un poème qui vous engage si l'on est zen dans le hasard d'un zoo de maux en vingt-six lettres.

L'Alphabet cyrillique, est-il composé de vingt-six lettres ?

Un Pan Gramme : ce ne sont pas vingt-six lettres qui écrivent le chaos du kit de mon corps velu wallon qui, s'il est zen, me fait balancer mes yeux aux quatre coins du monde.

L'abbé s'est rendu néfaste auprès de ses ouailles. L'AB C rendu coupable d'abus concupiscents qu'il paiera devis comptant : la zigounette, son sexe sectionné et mordu par un serpent NAJA, puis écrasé par un tanker.

Un vent de Sion – invention(s)

C'est par **Inadvertance** (le hasard de la procréation) que je devins femme. Enfin du genre féminin : d'abord, j'étais fillette puis « jeune fille », et le temps s'écoulant et s'écroulant sur moi la féminité s'est posée sur mon corps. Alors j'étais dépossédée de toute volonté sur ma biologie ainsi déterminée.

C'est là que les sentiments et les humeurs tant temporales qu'hormonales se sont **Exacerbées**. Exubérance et exaltation du corps sur l'esprit et réciproquement. La sensualité et la recherche du partenaire idéal(e), le romantisme de la jeunesse naïve et peut-être déjà corrompue d'idéalisme et d'angélisme.

C'est las de cette **Confiance** ainsi donnée à l'autre que l'éthique du rapport à autrui prit une allure de tour de Pise, branlante mais en équilibre. Mais cette confiance remise toujours à plat et sans cesse redonnée ne vaut-elle pas le risque d'aimer l'autre et soi-même pour ce que l'on est simplement : un ego absolument seul autour des autres. Accepter cette solitude intrinsèque à notre essence en notre être c'est cela donner sa confiance.

Même si l'on prétend que c'est la **Génération** – le génétique, le générique, le genre – qui serait à l'origine, à la cause originelle et originale de ce que l'on est et de comment on naît. Je suis une femme hypomaniaque ou un homme qu'importe, le résultat de l'arbre généalogique à lui seul ne suffit pas à changer la nature des choses mentales et du schisme primal en moi je me suffis à être et si je suis lasse d'être là, cette fatigue est toujours compensée par cet autre-là qui voudrait et vous montre la nécessité même dans ce brin de folie, d'anormalité et d'anomie, en un seul mot : notre essentialité.

Essentiel, « je suis un travailleur ou une travailleuse essentiel » disait le juif à son bourreau dans les camps nazis. Non essentiel parce que, comme Cioran la souffrance ainsi vécue vaut le coup d'être vécu car elle a un sens. Peut-être encore est-il caché à ma raison d'être là (da sein), mais la liberté d'en disposer en est l'indicateur principal. Essentielle d'être une femme du genre humain féminin masculin ? Un eunuque de la pensée australopithèque, le dantesque de cette essentialité de la folie de la maladie nécessaire trouve-t-elle sa résurrection dans la science ?

L'esprit **Scientifique** de Gaston Bachelard, a=a, moi=moi, tu=je : Voilà la vérité scientifique qui vient confirmer par le neuronal et la génétique, le ou la malade que je suis ! Est-ce une guérison du guéridon dans ma tête ! L'impératif catégorique du docteur es sciences qui primerait sur ce que je jurerais de ma liberté comme de mes facultés à penser ! Que nenni : c'est uniquement l'explication par de multiples facteurs convergents pouvant causer cette particularité qu'est ma tendre et chère bipolarité, « bip – ô – hilarité ».

Ce sont toutes les **Nuances** de cette tendre folie qui du haut (l'exaltation et l'euphorique) vers le bas (le tréfonds, la dépression), et ainsi de suite cette cyclothymie du cœur et des vagues à l'âme dont on nous blâme les excès en société avec les hommes. Elle, cette vivacité d'humour et d'humeur noire que seuls peuvent ressentir ceux qui en souffrent. La bile jaune et la bile noire la mélancolie et la nostalgie, émotions d'émulsions à profusion avec des traitements prophylactiques incandescents. Où sont nos neuroleptiques ; moi c'est l'amour de la vie même si certains jours, certaines secondes je la hais je l'abhorre au plus haut degré. La palette des couleurs existante aujourd'hui ne suffit pas à décrire ces sentiments et ressentiments, la moraline nietzschéenne.

Le tempérament **Tumultueux** c'est celui du bipo qui se sent virevoltant d'un homme à l'autre, d'un monde à l'autre, d'une femme à une autre. Tue la mule tueuse ! C'est le tumulte dans mon cœur qui bat à la chamade : cacophonie dodécaphonie encéphalique de ma liqueur liquoreuse, je me retrouve en loques, entourée de plaques et de contre plaqués mon sexe n'a plus de genre ! Je n'ai plus de sexe je suis un être qui panse la pensée du normal pathologique. La sombre folie devient la folie de ceux qui comme moi n'ont plus rien à faire mais tout à dire. Mais c'est ce dire médisant, malfaisant qu'il nous faut dépasser dans le discours et le verbe, la grammaire de l'action devient celle de l'addiction, ou plutôt celle de la diction et de l'élocution. Allocution des affinités électives dans l'être humain sans humour. Il n'y a que de l'ironie dans l'humain sans humour avec humeur.

Le **Constructif**, c'est la fondation de ce discours ou plus précisément de « ces dits courts ». Assez de maux et de mots pour nous les infliger en pansements et en épanchement nauséeux, juste besoin d'une fuite en avant avec ce sentiment exaltant et exubérant « d'existe – stance ». C'est la parole qui prime et primera toujours, quoique la pensée cachée subsistera aussi. Ainsi il est vain de vouloir plus que ce que les mots, les gestes puissent nous donner à être : humain.

Humain, c'est bien là le problème j'aurais pu être une écrevisse je suis un amphibien de par mon cerveau reptilien, mais je reste avant tout par nature un hominidé appartenant à l'espèce des mammifères. J'ai mes mamelles, comme signes distinctifs, protubérances bien pensantes les hommes en ont – atrophiées. Humain trop humain je ne sais que dire de plus, sachant fort bien que cet écrit sans importance reste qu'un trait d'humour et un billet d'humeur sur ma tumeur, mon coït mental qu'est ma bipolarité : en vérité sur mon problème de genre dégénéré. À quel genre est-ce que j'appartiens en vérité ? En espèce, c'est aux mots qui sont dans ma bouche et dans mes mains et dans la langue dans laquelle je m'exprime que je dois mon appartenance à cet humain humoriste sans humour.

Humeur et thumos

Ce jour rien ne me vient à l'esprit,
Et l'esprit ne vient pas à moi.
Je ne suis que l'ombre des mois
Passés ici au fond à gamberger
Ici, rien ne va germer,
Aucune idée
Lacunes exacerbées
Dans les lagunes du marais
Que sont le marasme de mes mots
Ici gravés sur le papier. Sans sarcasmes.
Je vais bien. Les molécules disparaissent.
De nouveau les sensations perdues
Revenus l'envie du simple son du vent,
De la bise et de brise d'air.
J'erre dans les couloirs, sans encore couloir,
Revoir, réentendre, entendre à nouveau
Musicalité Rêvée
Fini la trêve, la rengaine
De mes ouïes sous mitaines.
Le « moutonnage » a ses bienfaits
La camisole aussi,
Mais quel en est le prix ?
Mon humeur c'est ma tumeur ?
Mon Thumos mon bonheur !
Mon logos invertébré.

Après tout

Après tout, j'ai accepté d'être enfermé,
« Dés – enferré », désarçonner de ma quotidienneté !
Après tout, c'est pour trouver le bon remède
Quand pousse en moi le principe d'Archimède.
Alors après tout ce que je leur ai fait endurer
Je peux bien à mon tour endurer la durée
Le temps qui passe est une menace
Permanente où l'hostilité est tenace
L'hospitalité est un artéfact, on nous observe
Et je les observe à mon tour
Came et caméras, cafétérias et micro-climats,
Alors après tout cela je peux bien vouloir vivre en dysharmonie
Cyclothymie, neurasthénique, etc., après tout…
Tout après apprêté
Les doigts glissent sur les frettes
De la guitare sans cordes désaccordée.
Man RAY et son Ephigénie de l'expressionnisme.
La femme violon ou guitare, après tout
On en revient aux mêmes fourre-tout
Et moi qui m'évertue malgré la toux
Qui m'afflige et m'inflige je fustige mon ego
De toujours en faire trop au jeu de go,
Légo maniaque, paranoïaque…
Après tout
Je m'en fous
Ils s'en foutent

Alors le dépit de l'après tout, tout après
Peu après, là peut prêt,
L'instant « niais » pas.
Peu parés, peur pour après
Paré pour les pourparlers
Parler à peu près pour ne rien dire
« Déjà règne un semblant de réel », dit Oriane
Sur le fil d'Ariane, fusée tremblante.
Parole   PAROLES   RÔLES EN PAS
PAS DE PAROLES

« Pétroles » Pasolinien pour que je garde un souvenir inébranlable alors après tout ça, on peut ne rien ouïr ; seulement oindre d'un onguent pour punir ce dépit.

Torpeurs et turpitudes

À Nathalie, ma femme

Un coup violent, violeur et voleur de temps.
Mes tempes n'en peuvent plus,
Elles bourdonnent

Elle, elle se déboutonne ?
Ses seins magnifiques
Ils ondulent sous le chemisier qui vient d'être ôté,
Frottés par la soie, les tétons se durcissent et s'hérissent
Droits comme des pointes, des I,
Désir ardent, puissant, de les toucher, de les sucer
La langue, salivaire et silencieuse aguicheuse
Je n'en puis plus je salive !
Je bave d'amour ;

Torpeur subite, je ne bande pas !
Trop peur la bite en sus n'est pas !

Turpitudes de ma solitude !
Ô mon aimée
Ma tendre féminité, je te cherche dans ta sensualité
Ton essentialité : tétons ardents
Dieu et son buisson

Amour vif argent
Désamours du bouton
Secret secrétant
Ton violent orgasme,
Je m'en veux de ne t'avoir pas vu si tôt
Belle comme l'unique et première o amour.

Ma turpitude s'enfuit et s'enfouit, je sens ton corps
Qui me manque, je suis un camé de toi.
Mon toit, ma maison malgré mes humeurs
Plus fortes que les tiennes, je t'aime

Mémoires ponctuées

Ma « mais moire » est morte.
Il reste des lambeaux
Comme le flambeau
Elle a brûlé en copeaux.
De ces copeaux de mémoire,
Je dois ponctuer mes propos.
La mémoire vive, s'effiloche, s'étiole,
Ma mémoire vivifie la cloche !
Le marteau frappe comme un gong !
Le gang est là,

Les neurones ne fluctuent plus
Sous les plis neuronaux, le mental s'est altéré,
Alternance et bégaiement, les tiroirs de mémoire en couleurs
Mémoire et citations ne restent pas dans le bon tiroir : la terreur.
Le tiroir philosophique
Les tiroirs pour chaque mention de la vie :
Je t'aime ? Que mange-t-on ?
La peinture
La mémoire technique !
Les prénoms

Les noms des choses des objets du monde qui m'entoure
La lecture, la fonction nominaliste se déstructure !
Je ne maîtrise plus cet obstacle je construis ce mur !
Ce mur mental bien obscur pour tout un chacun
Et ce malgré les IRM, les scanners et ma biosphère.

À ceux qui font que la mémoire
Nous fait tenir comme un tout unique !
Ma tunique s'est habillée de mots, qui m'exaspèrent,
Il me manque du vocabulaire, le champ lexical se réduit, se rétrécit.
Ma tunique c'est l'écrit, mon unique c'est ma pensée dispersée
Et dispensée, et dépensées en de vains maux
Je fige la mémoire autant ce faire que peut
Par l'écriture. La haie est trop haute.
J'abhorre le saut d'obstacle
C'est comme ouvrir le pentacle
J'écris vite et je bâcle

Le neurobiologique doit pouvoir permettre que mon ordinateur
fonctionne de façon optimale
Merci Von Neumann. L'homme machine l'homme mécanique.
Je suis un perroquet
Un apéro ; hoquet ; roter, péter, fonctions vitales bloquées !
Ou bien alors incontrôlées ? Maudites molécules !

Vivacité en viager

C'est ma vivacité qui est en viager,
Vigueur et rigueur entre deux eaux,
Ténacité et tonicité de l'éthique du héros,
Hercule dans ses prouesses, de berger !

Le viager de ma vivacité
C'est toi !
Ma vie suspendue à ton cou.
Mon vis pendu à tes coups de reins.
Enfin, je te mange, à satiété, sans fin.

Le refuge des démiurges
C'est la poésie des mystiques
La vie âgée le permet-elle ?
Elle l'a permis ;
Je suis encore en vie.
J'avais escompté tenir jusqu'à la trentaine.
J'approche bientôt la quarantaine,
Espoirs ! Aucune surprise en définitive

La vivacité en viager
C'est toi ma femme,
Vivacité de mes enfants
Que jamais je n'aurais espéré avoir.

Espoirs échevelés

Espoirs échevelés, la déesse Pellée
Les chevelus de Pasolini n'ont rien à dire
Ils disent tout avec leurs cheveux !
Pas parti ! Pas parti ! Pas parti !
Juste partir !
Pas parti ! Pas parti ! Pas parti !
Juste partir !

J'irais tutoyer les grenouilles,
Tout en me grattant les quenouilles
Car j'aspire à être aspiré par cette bouche
Béante et béate
J'tairais les maladresses,
Elles seront compensées, nos tendres caresses !

Échevelés dans les entrelacs de nos corps emmêlés
Voilà ce que j'attends et mes escapades
Ne sont pas des balades
Elles sont autant de croisades
Vers la ville sainte qu'est ton sanctuaire
Pour moi rien et tout possibilité d'ossuaire !
Mais mon ossature ne suit pas toujours !
Restent mes envies de villégiatures,

Vilenie aucune
Vole ma plume
Pas parti ! Pas parti ! Pas parti !
Juste partir, avec toi.

Remarques mêlées

I

Juste une petite phrase,
Juste sans emphase,
L'euphorie passée, je vois,
Je sens et j'observe ce Qui ?
Ce quidam ?
Ceux qui m'ont malmené ;
Ce qui m'a malmené
Ce qui m'enferme et m'infirme
Et eux qui accourent vers moi.

II

Acceptation
D'une accusation adultérine
Terrine de ces méfaits
Qui furent des bienfaits
Pour le brigand qui dort en moi
Faire surgir la maladie en soi
L'autre moi sans culpabilité
A fait un choix : le choix délibéré
De rester figé en apparence

Refus de la sécurité : la famille.
Ce serait de l'indécence, juste accointance
De l'incendie des sentiments plus enhardis
Et plus ardus que de préférences.
Jeu d'équilibriste d'un nombriliste :
C'est celui d'un « bovaryste » ?

III

J'aurais juré,
Abjuré/dénégation/spoliation
Trop de pollution d'ébullition
Pour être ce précepteur d'un jeune enquêteur : sa quête ?
Pas celle du bonheur
Illusion « acceptacle ».
J'ai juste souhaité qu'il pleure.
Et Il a pleuré…
Il a pleuré des nuages :
Sodomite ?
Non juste un brin sadique ?

IV

Ils arrivent Pêle-mêle,
Les mots à tue-tête !
Sur le cerveau d'un esthète ?
Dithyrambique et tragique
L'éphèbe et l'évergète !
Merci Michel ONFRAY
Mon lexicographe

Que de mots dans son bazar littéral mais littéraire et « *Litterrare* »
C'est réellement une lecture que j'approuve et que j'atteste
Et dont je m'abreuve
C'est un souffle d'air, c'est un souffre d'air
Dans mes pensées brumeuses
Vive l'hédonisme pour une éthique esthétique.
Une esthétique de l'éthique ? Une sculpture de soi !
Une Attique éthique étiquetée et déchiquetée !
Le mot est beau je plagie sans honte

Rennes le 27 février 14 h 50

Rencontre avec Charles
Suite à une escapade, de la clinique,
Avidité de cette amitié
Renaissance
Ravissante
Florissante
Amitié
C'est du mieux et c'est du vieux !
Juste souhaiter ardemment
De le voir et le revoir et de te voir camarade
Pas de rebuffade !
Merci Uncle Charles
Simon PASS
Merci de ta prescience
Présence
Préséance
Puissance de l'acte
Pourtant aucun pacte
Ne nous lie !
Spirale ovoïde
Pas de paraffine en amitié
Juste de la paraphrase
Je m'aplatis de joie
Idoine
Granite
Graminée, rhinite et rhizome

Réseau d'amis tiers
Toujours en lien
Toujours en lieux
Toujours des adieux !
Toujours à deux !
7 heures debout/déboutés/du droit de rester coi
Coït mêlé du midi
Intestinal, c'est le meilleur !
Privation et probation des libations
Je t'aime en errance/errant sans hères,
La piétaille touche les paillettes
Reste ! Et tais-toi !
Parle ! C'est suffisant ! Ton départ une insuffisance qu'il faut combler !

Diapason

Changement de traitement : « Abilify »
Je vois voler
Retrouver mes capacités à satiété
Briser,
Baiser l'air de ma force vitale
Mon élan vital
Visant la fractale

Je vais brise – lame
Je vais brise – glace
Contre ce miroir, « cela pense »
Cela s'écrit : « es denkt ».
« Je pense » mais « ceci pense en je »
Ceci était ma main
Manufacturée, fracturée, fissurée.

Mais ma main est au diapason avec ce qu'elle écrit.
J'assume les idées qui me traversent et m'envahissent
C'est ainsi

Défigurée, dépigmentée
Peinture en fil d'Ariane
D'arachnides,
Les orchidées dehors sont mortes et fanées
Torpeur et quiétude
Inquiétudes et boule quiète
Je m'en vais, je m'affaisse
Bébé fessu et joufflu
Il en faut toujours plus.
Et toujours moins alors pourquoi en faire plus !

Remarques mêlées

V

Immanence d'un petit déjeuner, comme une fringale matinale, insatiable, le ventre crie famine, c'est héroïne lactée, sans oublier la caféine, voire la théine en sus.

Versée dans mon ventre coulant dans ma gorge, Georges le serveur n'a pas vu ô combien ma jouissance est telle que les étoiles brillent dans ma théière subliminale.

Les Hittites sont en litiges avec les Hoplites, les mégalithes restent cois et stoïques devant tant d'amertume et de « sanguignolence » exacerbée du Cerbère qui garde l'entrée des enfers. Je me tue et je me tais, tant je me conspue en détergence. Mon cerveau, écervelé, s'écarte du chemin creux qui ne mène nulle part il est vide. Évidé d'évidence, de preuve à charge de mon incompétence, de mon incomplétude d'innocence naïve.

VI

Les fanatiques de la liberté et de son concept sont bien souvent inefficaces pour la promotion des libertés réelles. Le nominalisme dispense d'aimer l'idée qu'on se fait du réel pour lui préférer le réel lui-même. Pensons aux hommes qui ont fait le Terreur et à ceux de la révolution d'octobre la fin justifie les moyens, n'est-il pas ?

Le « je – ne – sais – quoi » de Vladimir Jankélévicth, ruse majeure de la raison occidentale pour signer par un mot, un néologisme, tout ce qui échappe au mot, au langage. « Quand la rhétorique manifeste son impuissance, c'est encore elle qui sauve la mise en dépassant les limites, en les repoussant, tout en faisant le constat qu'on peut les déplacer, mais qu'elles demeurent, quoi qu'on fasse ». Alors l'Hapax existentiel dont la spécificité réside dans l'impossibilité d'une duplication peut émerger, survenir. C'est l'unique écho possible du pensable : l'éthique est dès lors de ces hapax, émotions primitives pour la promotion d'une esthétique éthique.

Essais sur le mors de la mort

I

Il est des choses dont on ne peut parler, ni dire, ni encore moins écrire, car c'est de l'ordre de l'indicible dit-on. Voire, de pense-t-on de l'ordre de l'indescriptible. C'est la perte de soi, ou d'un autre cela est du même ressort : le deuil ? Tant et tout est dit dans ce mot ! L'absence défie et nie le réel qui s'impose à nous-mêmes. Tout est arrivé ce jour maudit où tu es parti à bout de souffle, le corps désincarné : trente kilos pour 1 m 68. La maladie : le crade crabe, ledit cancer généralisé qui t'a dévoré relativement, assez rapidement la moelle et le reste.

Tout cela pour décrire une lente agonie assistée chez toi, loin des chambres austères de l'hôpital. Le regard amical du docteur et des infirmières délivrant l'un l'ordonnance les autres les appliquant : les piqûres de morphine base pour atténuer la douleur mais pas la conscience de la mort qui s'approchait pas à pas. Peu à peu, le corps se dégarnissait de ses muscles, les membres de détendaient, se distendaient, ils tombaient. Comment marcher alors ? Comment vivre encore ?

C'est la question à laquelle tu as tenté de répondre et que tu démontrais au quotidien en te levant seul, en demandant en exigeant à être laver seul ou tout le moins assisté possible. Force de caractère, terre à terre pour un ancien marin de marine marchande. Marin mousse au long court, terre neuve, tu as connu tout cela malgré ton jeune âge : à peine cinquante ans.

Plus exactement moins de cinquante ans. Le crabe te ravage le corps et nous le cœur. Même une peinture de CARAVAGE ne pourrait pas rendre perceptible cette douleur intense qu'est celle du deuil. La lumière autour du cercueil, le corps abîmé, les cœurs imbibés de tristesse incommensurable, je rappelle et je me souviens d'avoir joué quelques morceaux d'adieux à la guitare et t'avoir chanté ma douleur de t'avoir perdu si vite alors. À l'heure du bilan 20 ans plus tard je me remémore ton décès ? Pourquoi ? À cette période ? En un temps récitant et récalcitrant, je cherche une vérité un sens à l'insensé du mors à la mort. Le récit réécrit le temps. Mon père, mon beau-père, un homme, un vrai disparaît, il a disparu, etc. Je ne sais plus combien de temps a duré son calvaire, des mois ? Plusieurs années ? Sinon plus ?

Et alors me direz-vous ? Tout le monde a eu son lot de misère et son cancéreux à domicile ! Oui ! Je ne peux répondre que par l'affirmative !

II

Après moult détails scabreux, je ne peux me contenter d'une vague en vogue description de cette souffrance appelée : le deuil. Le manque absolu d'une personne. Définitif. Aucune possibilité de rencontrer à nouveau. Mais qu'en est-il du deuil quand celui-ci par le hasard de l'existence devient répétitif dans une vie.

Il grand, taille un mètre quatre-vingt, cheveux bruns, beau gosse, bel homme et déjà les femmes lui couraient après à peine 20 ans. Homme à femmes, l'ami qu'il fallait avoir et que j'ai eu. Peu enclin à s'épancher, mais toujours disponible quand c'était pénible pour moi ou pour tout autre de ses amis. Motard dans l'âme, Ducatti, l'amour du bitume et de la vitesse sans excès mais la moto sans ex-voto.

Il est mort fauché par un petit fourgon à peine à 30 ou 50 Kilomètres-heure mais suffisamment pour rebondir sur le véhicule et aller s'écraser sur la pile d'un pont qui en le recevant fit le constat alarmant : la cage thoracique défoncée. Il est mort dans l'ambulance qui le menait aux urgences. Inutile de le réanimer, tout était fini. Je ne peux retenir mes larmes encore en y pensant. Pas eu le temps de se dire au revoir, je t'aime mon ami, mon frère mon confrère.

Un départ sur les chapeaux de roues, « burn out », le vent a tourné ce jour, moi aussi j'ai pensé « putain de camion ! ». J'ai hurlé les larmes de mon corps ma peine, ma douleur, mais rien n'y a changé on était devant le fait accompli. J'y ai perdu une partie de mon cœur et de mon âme. La revanche et la rancœur contre ce que le destin a de revanche et la rancœur contre ce que le destin a d'ignoble ! Pourquoi certains et pas d'autres ! Et les uns et les autres. La fin d'un souffle. Je me suis épuisé dans la perdition d'une amitié éteinte à jamais où me manqueront les étreintes amicales, les veuleries et les beuveries verticales ; à jamais gravés dans ma mémoire ton rire et ton sourire. Pour si revigorant, ton amitié perdue par la mort est ce qui m'a tué un temps longtemps encore aujourd'hui.

Mais maintenant que je cherche à mourir tu m'en foutrais une mandale rien que d'y avoir pensé ! Adieu, mon ami, mon aimé, mon frère d'amitié.

III

Il est un temps où ce dont on espérait que cela soit vrai et réel ne le fut pas. La gravité du meurtre et de son atrocité n'avait d'égal que son horreur : il avait été décapité, et écartelé démembré. Le corps était resté là, posé lascivement, étendu attendant l'arrivée du coroner. La putréfaction commençait son travail « insatiable » et inévitable. Le scandale devait être évité ! Comment cet homme avait pu en arriver à faire cela. L'inspecteur Durey s'était d'emblée demandé pourquoi ce père avait commis cette atrocité et fait endurer un tel supplice à sa femme.

« Que s'était-il passé pour qu'il passe à l'acte ? » s'interrogea Durey. N'était-il pas heureux ? Un bon boulot, un mariage qui semblait tenir la route ou bien alors tout s'est s'emballé, s'est détérioré en un instant, le mari jaloux, ou bien sur un coup de folie a tué sa femme. Quel sera alors le type de deuil qu'il portera ? Il en est de même sur le fratricide, le parricide ou le matricide. Quels chemins de traverse prend-on pour en définitive tuer celui qu'on aime, qu'on a aimé, que l'on aime plus ?

Faut-il avoir bu sans soif, sans raison, pour se soûler plus de que de raison ? C'est l'irrationnel du mors aux dents, de la mort ardente, flamboyante. Tout m'irradie de sueur. Comment une telle action est-elle possible ? Cela fait-il encore d'eux des hommes, des femmes ? Doit-on appréhender le crime comme la cime des méfaits possibles ? Ne pas mégoter avec le deuil, quel qu'il soit ?

La douleur leur est imprescriptible, au-delà de la loi, la justice ne peut rien contre ce qui finalement a déterminé un jour l'homme qui comprit qu'en perdant l'un de ses proches il se perdait un peu plus lui-même chaque jour de sa vie. Sa finitude. Un proche meurt et c'est toi qui en définitive perds de l'être à vivre. Quand la mort survient, elle fauche d'emblée ou lentement ceux qui restent vivants. Car oui la vie c'est bien le sentiment sublime et ultime entre ceux qui sont vivants et ceux qui sont morts.

C'est tout l'intérêt du Polar, et de la photo polaroïd : il ne nous reste que des instantanés. L'occasion fait le larron comme le temps fugace qui nous fustige et nous enlace dans des entremets de guerre lasses et dégueulasses. La mort pétrifie et nous putréfie. C'est notre corps qui se dissout dans la mélasse informe du manque terrible qu'est en vérité le deuil. Adieu la vie de l'autre, bonjour la mienne. S'il est une chose qu'il faut accepter dans sa vie propre c'est bien le deuil et le départ, la mort à venir de ceux qui nous entourent y compris la sienne propre.

Je dispose de la prose que mon esprit me propose,
J'écris sur un clavier aux couleurs si moroses,
Que je me dispenserais de toute anamorphose
Au sens propre ou au figuré, je vis l'overdose
Comme à celui à qui il manque sa dose
Je suis en manque de toi

Nature morte, pas si morte !

Sur la table sont posés : une raquette de ping-pong, un pantin, une éponge spontex, un bouquet de bruyère, une petite loupe et enfin un bonnet de laine. La nature morte pas si morte veut parler :

Si la raquette de ping-pong est là, posée sur la table, le panier d'osier quant à lui observait lascivement la loupe qui tentait de lorgner sur le bonnet tricoté en laine rouge pourpre. Ce dernier sentait et fleurait bon la fraîcheur d'un bouquet de bruyères cueilli du matin posé à côté.

Le Pantin, observant avec fatuité de toute sa hauteur la scène, éprouvait l'irrépressible envie de prendre l'éponge spontex et d'effacer cette nature morte et faire de celle-ci un tableau de Léonard de Vinci.

Non vraiment, cette nature morte ainsi disposée lui déplaisait. Le Pantin cherchait un sujet et où si possible lui-même en serait l'objet central. Car la posture qu'on lui avait fait prendre était inconvenante, voire indécente. Il aurait souhaité être le penseur de Rodin.

Il était temps que tout cela se termine, la pose durait depuis trop longtemps. Alors la raquette gicla dans le panier d'osier ; la bruyère chercha des noises avec La Fontaine ; la loupe enfin prit ses fonctions : améliorer la lecture de ce texte à la fugace écriture. Quant à l'éponge, elle semblait rester stoïque devant tant d'émois.

La nature morte avait perdu tout sens de la réalité, il ne restait que les scribes alentour qui allaient les offrir en pâture, aux méandres de leurs imaginations, celles-ci trempées de pharmacopées.

Jeux de mots

I

Un bon moment, c'est comme : **Limer** le béton armé,
Élimer et poncer le cellulaire, pour le parcellaire
Éliminer le sanctuaire du père, prendre forme : la statuaire
Dans lequel je trouve une bouffée d'air

L'air frais de mon **ordinateur** qui me sert de cerveau
Un peu marteau et rempli d'eau, je travaille encore du ciboulot

La **rivière** se remplit de l'averse de la veille,
Même si je suis en aversion et en inversion
Le réveil sonne et je m'étonne encore d'être ici

Assis sur une **chaise** branlante,
Mais ayant encore ses quatre pieds
Moi mon corps ne suit plus, le déséquilibre me guette
Est-ce pour cela que je suis en **clinique**
Mon **tronc** ne tient plus que sur une jambe
Malgré mes enjambées du passé,
J'ai dépassé la clique et de déclic du tic-tac de l'horloger
Mais j'enjambe sur la **musique** d'un djembé,
Mes entrejambes sont ouverts à la musicalité,

Le **courant** passe comme les fils électriques
C'est la clinique du sommeil ?

Éclectique du sillonné chez les siphonnés du **soleil**
Je suis un chiffonné chez les chiffonniers du SAËL
C'est écouter de la musique en franchissant le **mur** du son
Tout vibre et chavire dans un jaillissement pur breton.

II

L'Amour : sentiment musical atonal,
Comme un zest automnal !
Tu franchis la porte de mes bacchanales !
La musique : du cœur, du corps, du regard et du geste
Rien de presse non ne presse, il faut que tu restes !
La séduction : de l'autre comme l'âme sœur qui touche au cœur
Séduire de façon mortifère, sans rien faire
Le ZOUK, c'est un peu comme un souk : bigarré et enflammé
Les odeurs se mêlent aux autres senteurs
Le Réalisme c'est que le cœur bat la chamade
Et contre cela, rien à faire, quelle bravade !
Le réel m'échappe, telle une écharde échappée de mon pied

C'est une balade au sein d'une africanité éperdue.
Mamelles bienfaisantes et présentes à mes joues
Lesquelles sont penchées dessus
Ce sont de nouveaux paysages désertiques et ensoleillés.
Aromatisé d'un **Maroc** retrouvé dans mes entrailles en plein troc
Elles ont effacé les **Pleurs** et les peurs en batailles.
Quoi de plus **Sincère** le flot des sentiments et d'émotions
Qui coulent comme une **Rivière**

Je suis un **Fidèle** à ton lit,
À ton corps éperdu d'amour,
Je me sens englué dans ta sensualité
Pour rester dans le tien, je ferai **Abstinence**
Et malgré tout ton **Charisme,**
Et à tes charmes, je ferai mienne ta couche
Aux senteurs orientales
J'y rencontrerai les tantales

III

Un jour, Le beau Serge me dit à la Claude Chabrol,
La **Maison** de repos non merci je ne veux pas
Pourtant j'y suis et j'essuie les plâtres,
Le ciment viendra après.
Je préfère manger mon frein
La maison est là-bas au loin
Dans le champ au fond du jardin
Je m'enfouis dans les meules de foin
J'attends le mois de juin
Avec impatience et impertinence

Et je vais prendre ma **Voiture** comme villégiature
Même si on va me ligaturer ma **Femme**
Cela ne m'empêchera pas de me tout autant donner au **Travail**
Tout le temps, c'est ce qu'il me reste il faut que j'y aille
Néanmoins, j'assume, j'assure et j'abjure
Que ne vaut l'esprit de la **Nature** au mien
Les modénatures et les mésaventures
Celle-ci vous envoûte

Vers la **Découverte** des vers et versets
Des psaumes et des écorces écorchées des **Arbres**
Contre lesquels on trouve la nature même verdoyante !
Aux inimitiés, je préfère les quelques **Amitiés**
Qui sans **Monnaie** ne se monnayent pas avec de **l'Argent.**

C'est le **Bon vin** gargantuesque des ripailles
Jusqu'à plus soif, à s'en faire péter la panse
Mais la récompense est là : le plaisir charnel
Et la **Bonne chair** celle qui vient des entrailles
Qui donnent vie à l'envie : le désir insatiable
L'envie d'en vivre enivré,
Crevé d'écrire de décrire les avertisseurs
Qui tels les censeurs vous envahissent l'esprit
Jusqu'à en chavirer de bonheur,
Chose que j'ai cherchée toujours ailleurs
En dehors des heures et mes heurts
Personnels et impersonnels
Chapelet de couleurs, pourpre le vin est bon !
Il me soûle d'une ivresse qui m'amène à la paresse.

IV

C'est sur un air **d'Oser Joséphine** d'Alain Bashung
Que **La nuit je** m'éveille comme d'habitude, mon dieu Karl Jüng
Aide-moi à explorer mes rêves diurnes et nocturnes,
Je suis une noctambule en bulles gommes comme mes chaussons
Comme de coutume je joue au **Champion** d'échec ; sans chansons

Mais c'est le second effet **kiss – Cool**
Dans ma tête le film qui sans montage se déroule
En ce moment je coule je me noie dans mon fleuve
Pareille à la rivière sans fond de ma torpeur dans laquelle je m'abreuve

Cassée comme les pierres dans mon cœur putréfié et pétrifié
Par les **Souvenirs** concassés dans le coin de mon âme, de ma psyché
Je pouffe de **Rire,** d'un rire glacé, glaçant, et glissant et crissant
Jusqu'aux **Larmes** de joie ; jolie frimousse d'une femme en mousseline
Qui malgré ses **Humeurs** métaphysiques et mystiques flamboie ;
Il se cache de profonds et douloureux **Secrets,**
Qui ravivent la colère d'être là.
Je me dis que rien n'est **Tabou,** y compris les secrets,
Mais on ne peut pas tout dire : il faut rester debout.

Cervelle qui dysfonctionne devant l'emblème
Le **Cœur** a ses raisons dit-on que la raison ignore, j'en suis blême
Car devant tant de niaiseries naïves, je n'ai pas eu de problèmes.
En **Amour**, je suis une rebelle, à qui faire la cour fait fuir la basse-cour !
Liberté est mon nom, mais une part de moi-même doit y renoncer

J'y ai perdu mes libertés « **Droit** de »
Et j'y perds mes droits créances « droit à »
La **Démocratie** c'est un rêve,
Un cauchemar que je vis éveillée au quotidien

Je ne veux pas la **Révolution,** juste un peu d'attention, de circonvolution
Le **Pouvoir** c'est un contre-pouvoir sans illusion : je le mange.
Le hoquet me dérange dès le matin

C'est pas fait pour me **Détendre,** mais il est des hommes cadres
Pour la **Pérennité**, j'ai trouvé le père, celui de mes impairs
Le **Rêve** d'une éternité sans retour sans détour
Humour j'en ai plein mais j'en ai plus
Je l'ai appelé par le **Sifflet** il est apparu

Mais dans la **Concentration,** j'ai perdu le filament
À cause de cela, tout me devient un sentiment pur d'**Agressivité,**
Un rien de gravité pour m'enivrer de toi.

V

C'est dans les Fleurs du mal que je me suis déflorée dans la bouteille
C'est ainsi que mes Oiseaux s'en sont allés pour mourir seuls au soleil

Le **Soleil** de ma vie brille encore dehors, au-dedans
J'ai trouvé Grâce à **l'Amour fraternel**,
J'étouffais de graisse dans ma tanière sempiternelle
J'ai pu fonder ma famille, et maintenant

Mais j'y trouve aussi la froideur des monts Meteor dans la Grèce.
Ce je que cherche, j'ai cherché et j'ai perdu : la **tendresse.**
L'attention du matin, une simple affection d'afflictions
Tout est en tension dans mes bras, mes mains, mes doigts
Il me reste à la retrouver dans l'extase dans la « **Lune-joie** »
Jolie lune sous le beffroi, la joie s'écrie, hurle en moi !
C'est mon prénom, France celui qu'on m'a donné
Pour une Vie que j'ai vécue et vis encore avec cette donnée.

Ma **Nature** est délirante de haut en bas de bas en haut :
C'est comme l'ascenseur ! On presse un bouton et je ris de tout mon cœur.
Encore faut-il que de raison on me laisse le faire sans aucune peur

Je suis à la **découverte** de tout y compris de moi-même ; c'est ma
liberté, La seule sur laquelle je puisse compter : ma fille,
C'est cette jeune femme qui désormais ;
Avec moi-même en filet va en ville,
Pour ne pas partir en vrille
Si je sors de mon asile,
Ce n'est certainement pas pour que je me défile :
Alcool Zéro, on aime mes lolos, mais surtout pour ce que je suis :
Moi-même, mes sourires, mes éclats de rire et ma nostalgie.

VI

C'est dans ce **Ciel** étoilé, sirupeux, et voluptueux
Que j'ai perçu à travers les volutes de fumée ma **Liberté**
Inutile de vous dire à quel point la posséder à nouveau
Me comblait de **Joie** indescriptible,

Plaisir comparable à manger un **Fruit** bien juteux.
Mûrissement au **Soleil** de Marrakech, ou Tel Aviv
Le tout c'est que cela soit en bord de Mer

Je suis comme une **Fleur** qui voudrait s'ouvrir alors qu'elle s'étiole
Vivre dans ma **Maison**, ma demeure c'est comme un bain au vitriole
Je préfère les **Moulins** à vents, et comme Don Quichotte de la Montes
Je suis une **Enfant** qui rêve encore malgré la mort et Méphistophélès

Qui me **Travaille** au corps, y compris au travail
Ce dévoreur de **Temps**, où l'atemporel
M'harasse à ma mélasse et je m'arrache de mes rails
Je déraille, je dévore, j'incorpore et je m'évapore
Comme un épouvantail.

VII

L'Eau c'est mon élément, ma terre, mon feu mon air !
Mon **Pays** c'est moi et ceux qui m'entourent : ils me font taire !
Je suis une **Etrangère** à moi-même, sans faim, sans soif et essoufflée !
C'est ma **Famine**, et non ma famille,
Je suis famélique mais étouffée !

L'Étrange dans tout cela, c'est que je me suis perdue dans un labyrinthe.
Mon **Désarroi** se trouve souvent dans le manque d'étreintes.
Je reste **Jolie** malgré la lumière éteinte : je m'éteins !

Originale, j'ai souhaité l'être, cela l'est, mais contre mon gré !
Peur, j'ai horriblement peur de m'éteindre car on m'a atteinte !

Le monde entier ne peut rien contre cela, c'est ma liberté ;
Entièrement libre de se suffire à soi-même comme femme !

D'**Amie**s j'ai à floraison comme un désert bichonne ses fleurs rares
Les **Vacances**, c'est la viduité sans l'avidité du quotidien sans far !
L'**Avion** a des ailes sans moteur, c'est un planeur qui flirte avec l'air !
La **Voiture** m'emmène sur le bitume et m'accroche à la terre !
La **Famille** m'a détruite jusqu'aux tréfonds de mon âme !
Mon **Cœur** en pleure encore j'ai sur les joues les traces de mes larmes…

VIII

L'Angoisse est là présente à moi toujours suspendue à mes bras
C'est le signe de mon **Inquiétude**,
Perte de la quiétude de mes habitudes.
Ce sont les habits de ma **Solitude**, sans aucune turpitude
Je cherche une **Liberté** passée, voire dépassée, liée à la jeunesse.

La Santé c'est dans la maladie qu'on en ressent toute la valeur
Et cela, malgré toutes ces mauvaises et horripilantes **Humeurs**
C'est le cœur **Joyeux** que je fuis le quotidien sans joie.
L'Amour c'est le sentiment éperdu, veuf il est perdu
Et sans femme, je ne cherche plus de compagne
Seulement de la **Compagnie**
Car la chose la plus dure en ce monde réellement est de vivre sans amis.

IX

Les **Chiens** ne font des **chats**/stop.

Les **Grands** ne deviendront jamais **petits**/stop/à moins d'être unijambiste/stop. L'inverse même sur des échasses ne fait que figuration.

Large comme **étroite**/stop/la pénétration est sensation « éberluante »/stop.

Si **Dieu** existe/**Lucifer** également si la converse s'affirme l'un et l'autre ne sont plus que des inventions, des hypothèses pour tout nous permettre en bien ou en mal. Mais si le bien comme le mal sont également des chimères théologiques et de métaphysique morales alors seul reste l'éthique.

La **Constitution** est une construction ad hoc mais elle suppose une liberté du peuple, elle n'est pas censée être ex nihilo alors deux choix deux directions s'imposent ; soit le peuple adhère librement à la constitution soit il la subit tout en croyant ou se leurrant sur son adhésion : d'où la nécessité de la « **légifération** »/stop. Néologisme nécessaire en philosophie politique/stop.

L'**adroit** est au **maladroit** ce que l'adresse est à la maladresse/stop/des qualités sans défauts.

Le corps **Sain** à son envers **malsain** : son décor/c'est son dé – corps/stop !

On a tous des **Hauts**/et nos **bas**/stop/

Le déficit est toujours **Structurel**/le problème est **institutionnel**/Stop

L'**Architectonique** de l'égotisme ne vaut pas la **monotonie** du soi isolé.

X

Les **amitiés** sont des infidélités caramélisées,
La fidélité un semblant d'amour idéalisé.
La franchise est une dangereuse couardise.
La timidité est une attitude contre la bêtise.

L'ennui est un inventaire de l'oisiveté.
La solitude est bien souvent le pendant du succès.

Aimer ce mot revient toujours à bouche.
Parler c'est toujours une mise en bouche.
Écouter, c'est se taire au profit de l'auriculaire.
Chanter, c'est l'extase de la voie vers les voix d'air

Musique, l'extase elle-même ne saurait y être comparée,
Danser, le corps enfin se libère et parle sans apprêt.
Sympathiser, l'étranger devient rencontre puis amitié
Voire plus si affinité.

Idée, faut-il vraiment en avoir pour construire un monde
Échanger, librement les marchandises, non ce n'est pas mon monde
Comprendre, c'est certainement ce tout un chacun est capable de dire :
Pourquoi ? Comment ? Qui ?

XI

J'ai des hallucinations sans la moindre certitude qu'elles soient telles que je les vois. Est-ce ma paranoïa qui serait en cause de désespoir non pas d'amour, mais d'aventures amoureuses, c'est plus tranquillisant. Les portes de la perception et d'un festin nu s'ouvrent devant moi : je suis au paroxysme de ma vue endolorie, mes sensations aussi. Vivisections de mon décor environnant.

Je me perds en discussions vaines. Il faut que je fasse une pause : simplicité du temps où je pose mon corps ; je me repose et repositionne sur le naturel revivre la nature naturante. C'est bien là la pensée spinoziste la plus pure que je connaisse : dieu est Nature. Mais personne ne s'y incruste, la première personne et la troisième personne grammaticalement parlant s'effacent devant cette subtile mélodie du vent. Instrument d'Ouranos dieu du vent, sans oublier la cithare l'instrument à cordes emblème du dieu Bacchus de fête et du vin, du bonheur hédoniste quoi !

Pas de doute j'ai les mains liées par le destin elles sont le tout et son contraire. Mon cerveau joue à l'Émir et vise et n'aspire qu'au plaisir du sourire extatique : hapax existentiel du fumeur de joint et autres psychotropes à vous de jouer. La drogue du plaisir ne guérit pas de la ganja tout comme les drogues que je prends pour guérir d'une maladie qui cherche encore son nom véritable.

Je suis en état secondaire, j'erre dans les couloirs et les trottoirs. Cet état transitoire et « transitaire » m'effrite et m'effraie. La frayeur que je ressens n'a d'égal que la torpeur que j'ai devant mon reflet dans la glace. Je malaxe la terre glaise pour dissoudre mon malaise et mon mal être. La malle est trop grande à vider tout de suite il faut que je vide mon sac, mes sacs.

Les gens autour m'exècrent et m'horripilent je les mettrais tous au pilori, voire au supplice du pal pour ne plus affronter leurs regards emplis de compassion. La guitare en guise d'arme j'affronte la « populasse » en leur livrant ma mélasse mélodieuse, en attendant un bonjour authentique. Vous savez le bonjour comme celui, non pas des amis, mais du marchand du temple.

Si vous saviez combien cette liberté perdue un moment peut me libérer de mes libations matinales au whisky. Je n'ai certes plus confiance en quiconque y compris moi-même c'est pour cette raison que je reste un infâme brigand malade et alcoolique voué aux addictions les plus purulentes : il faut toujours payer l'addition. J'en suis la somme. Alors je vous assomme.

XII

Je suis en Cellule ? Non juste une cellule
Mitochondries,
Gonadostimulines
J'ai des Follicules pileux
Le Tissu de ma peau est bleu
La Myéline cherche ses Synapses.
Neurotransmetteur
Mon corps est Lipides et Protéines
Exocytose
ADN
Tubes séminifères
Méninges
Oligodendrocites
Cervelet
Neurones
L'appareil Golgi
Métabolisme

XIII

C'est beau les Dimanches, endimanchés, mais qu'est-ce qu'on s'emmerde ! Pourtant quand c'est avec sa mère, sa femme en famille quoi, c'est un petit bonheur quotidien cela peut vous enjouer !

Même à cinquante berges on est toujours le Môme de ses parents.
C'est pour cela que j'aime la couleur Rouge des nourrissons, mes enfants.

Je les portais contre mon ventre sur mes Tee-shirts, en fanion.

Longtemps, j'ai coupé les Cheveux des autres,
J'ai fini par couper les miens en quatre et voilà que je me vautre.

J'ai les Yeux rouges car j'ai pleuré comme un homme seul sait le faire.

J'ai la Moustache car cela permet d'esquisser un sourire même en enfer.

C'est mon Caractère qui m'a poussé et me repousse à toujours en faire.

Quelles Explications donner ? Et pourquoi en chercher ?
Je n'en suis pas le genre je veux juste un peu moins d'Incompréhension.

C'est pour cela que j'aime boire du Café, et lire le matin peinard.

J'aime juste lire et surtout les bonnes Fins des dialogues à la Audiard.

Mouvements d'humeur

I

La rivière déborde de son lit,
Moi, je tombe de sommeil,
Et pourtant un rien me tient en éveil
Un rien m'émoustille, je pétille
Une boule de nerf à vif
Vivacité d'esprit, irritabilité
Tout bonnement d'humeur versatile,
Les sons les tempos, et les tant pis

II

Redoute la lobotomie,
Imprégnation de la bonhomie
Imprécation de la survie
Résurgence physique de vie
Mon cerveau me le dit :
Va doucement mon gars/droit dans le mur !

Je cherche l'infirmité,
À confirmer ce que j'affirme
Tout est dans mon ipséité.
Faut croire que je frime

Sans raison, le chenil s'est ouvert,
Le cynique est dans sa barrique
Et fait ses vers philosophiques.

III

Rejouons la scène ! Moi au milieu coupant le pain et distribuant le vin !

L'extrême-onction : onctuosité des barbituriques
Mouvement tellurique de l'homme barrique

Baryton/le poison/stop/me tue/Sont-ce les médicaments ? Ou moi ?

Je me tue, je me tais, je mettais le canon dans la bouche, j'étais mort.

IV

Les couples se font et se défoncent... un rien les écaille
comme l'eau sur la rocaille : moi je ricane, hilare.

V

« Filassée » la fiancée du diable ? La diablesse ne se débat pas, elle
regarde par-delà le bien et le mâle. Il ne reste que le pédéraste pour la
satisfaire : le péché de chair pour marcher dans la poussière : je ne suis
que de cendre et d'os et pourtant j'aimerais me la faire car devant elle

je ne suis que cendre et eau, quitte à descendre de haut : ange déchu qui déçoit. Refaisons le monde avec un peu plus de raisons. Il sera toujours la même immondice : mortifications, mutilations, démembrements primaires et primaux, sensations !

VI

Il me faut revoir les sensations et les émotions du plus profond de soi : être soi-même identique à soi-même, auto-désignation de la logique des noms propres, égal à soi-même. C'est en définitive chercher l'autonomie.

VII

L'Impatience autrement dit l'homme pressé. Le patient/actant. Le sujet reste le même la patience d'être soi comme sujet. Elle se cache derrière l'ivresse de l'activité et de l'oisiveté et l'ennui. Tuer la maladie c'est tuer l'impatience de vivre l'instant sans fugacité. Il sera difficile d'y renoncer. C'est l'impétuosité qui me manque. Où est cet « impetus », mon impertinence. Le tyrannique dans toute sa figure d'impatient omnipotent.

Jeux de mots

XIV

La Maison ne me plaît plus, je ne l'habite plus.
Je me conforte en **Achats** compulsifs, en abus.

Le **Boulot** ce n'est pas mon fort,
C'est juste réduit à un simple confort !
Ce sont les **Enfants** mon seul réconfort !
C'est comme les **Amis** mieux vaut en avoir pléthore !
J'achète des **Robes** à foison, j'aimerais être une amphore.

Ce n'est pas juste qu'une histoire de **Poids,** un manque de « toi »
C'est juste un irrépressible besoin de **Partir**, loin d'ici et de soi
Ma **Maladie**, c'est la fatigue d'être moi-même
C'est pour cela que j'aime la soie, et qu'on aime pour moi
J'ai été un cocon avant d'être filée comme un être de soie de chine

XV

Sexagénaire je sais maintenant ce que signifie l'**Amour** :
C'est une recherche de **Paix** intérieure…
Tout le reste est amour inférieur.

Pour **les Enfants,** ce n'est qu'un malheur d'être sans
De plus d'**Odeurs,** des guerres et des horreurs, il y a des cent et du sang

Que le **Ciel** me tombe sur la tête je l'aurais tant souhaité,
Il m'aurait fallu toucher **la Forme** des étoiles du bout des doigts.
Cool-cool, roucoule l'oiseau caché dans les roseaux
Prend l'**Eau** et le vin pour purifier l'air et les sceaux
Du pouvoir des humbles et des puissants
La **Musique** de l'univers c'est une **Harmonie** céleste.

XVI

Amour et **Haine,** une opposition des contraires
Qui ont fait de moi un sanctuaire, mon ossuaire !
C'est là que se pausent les **Questions** que je me pose.
Mon cœur balance entre l'une et l'autre
L'amour de soi ou la haine de soi ?

La **Guérison** suivra son chemin vers l'autre
Qui apporte un **Espoir** d'un nouveau moi.
Car la **Perte de confiance** n'est autre chose que cela !
C'est l'**Echange** de soi à une autre !
Mais cet **Échange de regards**

Accompagner de celui qui m'apporte de la **Complicité**
Tue peu à peu les idées de **Mort,** et mes morbidités
Vous savez, celles de mon **Désespoir** ?
Perdue, et éperdue je l'ai été ; je le suis !

Mes **Eclats** de rire me permettent de penser le contraire !
Ces **Pleurs** qui me font perler de l'eau sur les joues !
Jours noirs sur mes journées qui passent !
Je t'aime moi non plus, disait Gainsbourg.

Le Rose et le Noir, ce n'est pas ce qui ressort du soi
Le calme est toujours une tempête sous un crâne
Se détester soi et l'autre, c'est détester son corps son âme
L'idéal c'est se désincarner en une autre chose encore et encore
Chaos de la décision et du choix
« Un jour, c'est oui, un jour c'est non »
L'avenir ? C'est mon indécision devant tant d'indices sans horizons.

Le futur ? Similaire.
Qu'avant lui se présentent le passé et le présent
D'où un futur antérieur Avec qui ?
La différence c'est le temps et les modalités de la grammaire
La beauté de la langue c'est d'écrire ; décrire ce qu'on dénie :
La vérité sous toutes ces aspérités, c'est la vie…

XVII

C'est cet Espoir de vivre mieux dans le noir
Qui me donna le Courage d'affronter ce démon
Le silence de Parler, m'a dévoré le sens de la parole
Alors j'ai Voyagé au moyen des soins et de l'exaltation
C'est en Pensée que je suis retombé de haut dans le bas fond

Inutile de tout Raconter tout a été dit et répété
S'évader à vélo ou au volant d'un planeur en été

Écouter l'air respirer à sa place
Positiver avant que tout ne s'efface
Aimer à se souvenir d'une mémoire rasée
Se souvenir des bons moments arasés

S'analyser c'est creuser le censuré et le censeur
Comprendre le pourquoi c'est tuer la question du comment
Guérir enfin ; c'est se passer de ces deux questions à la con
Tout au moins pour un temps, un moins un moment

XVIII

Je me suis fait **Enfermer,** sans pouvoir me la fermer

Je me suis laissé **Punir**, pour mieux ressurgir et rugir
Ma rage de ne plus pouvoir être libre de ma « gamelle »
Adieux, la vie à deux, impossible, c'est elle et moi !
Seule la **Jalousie** de la bouteille mais c'était du pareil au même

L'Empathie c'est ma technique pour avoir « la maille »,
Digne volonté de ma morphine base ! Juste pour la dose !

Elle m'a vendu pour me **donner** ! Médire, Revendre et racheter !
Elle m'a blacklisté, racketté pour me **bloquer**

Pour me garder dans sa vie encore.
Mon **Vice** a été ma petite mort !

Un **Poison** âcre du bonheur de l'extase
C'est une **Surprise** que l'on découvre en état de stase
Je suis un **Tordu** de cette « came – lotte » ; on me « came – isole »
Pour mieux y **Réfléchir** : je n'ai rien à dire ; juste à faire !
Sevrage **À contre sens** de mes sensations libres en enfer
Abreuvage **À l'envers** de mon corps sans décor
Sans **Trahir** son décorum, laudanum, encore ?

J'attends la faim comme la fin d'un film sevré !
Je suis sevré !
Anagramme de rêves ! Sevré de raves ?

Le film s'arrête sur « un festin nu ».

XIX

Les Nuages au loin annoncent l'hiver de mon cœur
Soleil du matin t'accompagne dans mon âme sœur
Ma belle Brune, aux cheveux soyeux et brillants
Notre bel Enfant nous attend en grandissant
Cette jeune Fille a tes pupilles, la couleur de tes yeux
Notre animal de compagnie préféré c'est le Chien
Rien de mieux pour garder le bonheur de notre Maison

Strophes en trop

Il me reste des restes
De toubibs et de toubabs
J'ai voulu jouer trop au nabab.
Il me suffit d'un geste

Tout m'est indigeste !

Il y a le flagorneur
Qui va flânant de fleur en fleur,

De pistil en pistil,
En s'enorgueillissant de sa flamme
Et de sa flemme.
Il va, Allant, de femme en femme
Peut-être juste pour la gagne !
Mais il a les mains remplies de peine
Alors il cherche la « ca-ompagne »
Un compromis de nature en pagne.

Incartade

On me dit de travailler mon impatience, et de deviser sur la patience
Le patient que je suis soigné par les soignants doit être patient !
Se demander et je veux reconfigurer ce terme : « patience ».
Celle du chasseur avec sa proie, savoir rester à l'affût du temps !

Patience dans la passivité, est-ce dans l'oisiveté et/ou dans l'activité ?
La suractivité, hyperactivité a son pendant chronique de ténacité ?
Cependant, je ne peux plus m'avancer plus avant, avec le sang d'émois
Je suis ce que je peux dire :
Je voudrais faire les choses mais je ne le fais pas !

Impossibilité de me décrire « comporte – mentalement ».
Il n'y a pas de mot de façon capable de dépasser cette auto-référence ?

La psychiatrie c'est pour moi selon eux
Ou ce que je crois qu'ils pensent de moi :

Premièrement soit je suis en régression libidinale,
Soit en régression objectale ?
— Secondement, Je subis une altération anatomique cervicale ou fonctionnelle.
Tout cela atteint mon système nerveux central.

— Enfin, c'est une déstructuration soit de la conscience (manie/mélancolie/états oninoïdes/états confusionnels) soit de la personnalité (psychose chronique).

Voici le tableau brossé dans toute sa largeur et sa rigueur. Non je n'ai pas, pas peur, juste de la terreur ! Terreur du jugement amoindri ; comment faire l'érudit si tout cela s'est altéré

Défonce lyrique

C'est lors d'une ivresse tellurique
Qu'une envolée mystique et acrylique,
M'a prise soudainement,
Pour ne plus s'en départir,
J'étais en pleine défonce lyrique,
À en peindre à la laine,
Respiration haletante,
Il m'a fallu jouer avec le corps : le déconstruire !

L'aphasie du peintre jaune en bordure gauche,
Nous envoie à des couleurs dégoulinantes sur fond de tableau.

Défonce lyrique d'une ivresse en public
Lyre de l'ivrogne devient son hydre,
L'ivresse lyrique, un éloge à la paresse
Peintre tellurique
Gaïa, le tellurique cherche la terra-incognita
Passage de l'ivresse au collapsus
C'est en définitive une sculpture de soi,
Narcissique, est l'artiste maudit sans prépuce.

Je m'assieds…

Je m'assieds par terre et je scrute
Les fourmilières et les infirmières.
Je démystifie les mites et les mythes.
Je touche mon corps encore et encore
De ma tête aux pieds, en passant par le prépuce.
Je m'astique la terre en moi, ce bout de plus !
Je mastique ma fenêtre dehors, or,
J'ai tout à l'envie à l'envers

Dans mon évier dorment coupelles et couverts
Des jours passés à ne rien faire.
Ne rien faire, c'est agir, sans plaisir !
Le plaisir est ce que je recherche,
Le plaisir haït le plaid et le pouf,
Moi je sombre je fais « plouf » dans la boustifaille.
Je sombre dans un lit fait en bataille.
Je braille, comme un « mouflard », mouflet braillard
J'hurle quand même de toute mon âme écorchée
Que je ne vais pas bien, que je suis tout rabiboché.
Dans ma caboche, je me suis « gavroché » sans que mentalement…

J'ai essayé de plaider le contraire de ce que je suis de ce que je sais de moi-même : l'auto-désignation comme agent, sujet de mes actes, de mes schèmes. Mais j'ai des chaînes aux pieds, des lianes aux mains, et quand bien même, Comment suis-je encore libre d'agir ? Le suis-je vraiment si mon complément ce sont ces médicaments qui complètent ma vie et mon comportement. Dérèglement de l'humeur, c'est comme une tumeur sur ma grammaire. Je sais y'a pire ailleurs, et je n'ai pas à me plaindre, je devrais me complaire. Et surtout me taire. Rester terre à terre c'est ce qu'on vise en thérapie :

Alors je m'assieds par terre et je scrute

Les fourmilières et les infirmières.

Alors je m'assieds par tresse et je sculpte

Des fourmilières d'infirmières.

Le parterre est parsemé de mégots

Moi j'observe ceux-ci déambuler vers les cendriers pleins à raz bords

Verni, je suis, je m'en vais au paradis des « asilés », exilés à bâbord.

Toutes exhalaisons en expansion le jardin d'Eden, file de l'avant.

Haïkus

« Sur la pointe de la plume,
Se dresse un oiseau
Une cigogne. »

« Sur la pointe d'une plume,
Se tressent les ailes d'un oiseau migrateur
Une hirondelle. »

Elles me susurrent à l'oreille,
Ce que mes yeux ont lu sur ses lèvres
« Elle m'aime ».

« Le vent souffle
Dans mon dos
Je suis tout là-haut,
Dans les cieux. »

« Un conseiller,
De bons moments,
Mais de mauvais conseils. »

« Un beau mec
C'est un oiseau sans bec
Faut faire avec. »

« La musique, triste,
Dans mon cœur
Sans joie ni peur. »

« L'avidité,
Du sel de ton corps
Coule dans la baignoire de mon âme. »

« La concorde
Suffit-elle à elle-même,
Moi, je l'abhorre ! »

« La discorde
Est ma sœur :
La miséricorde. »

« La corde,
De soi avec autrui,
C'est l'harmonie infinie du pendu. »

« Miséricorde,
Désagrégée et frappée
Du sceau de l'infamie. »

« L'apogée,
C'est l'épisode,
D'une pagode. »

« Désordre,
Dans les champs
Les fleurs se fanent. »

« Arrivée innocente,
L'averti,
N'est plus puni. »

« Sensualité,
Pause et surdité,
De ma santé. »

La santé mentale ment,
C'est le déséquilibré
Qui joue à l'équilibriste

Espérance

Dépressif, c'est un mal intime
Une maladie qui touche
Notre intimité dans ses aspects.
Psychiques et physiques.

Ici l'intimisme, partagé,
De nos souffrances incurables,
De nos incuries, « cure table »,

Maladie curable de l'âme,
Que l'on dit fort répandue,
Sur laquelle on s'épanche facilement,

Est-ce d'amour dont nous avons manqué ?
Est-ce dû un défaut d'éducation ratée ?
C'est l'espoir en une guérison réellement ancrée,
Et nous avons tout encré
En noir, en « sombritude »

Sur le patient que nous sommes
Qui en masque et démasque les paradoxes
On cherche encore à être hétérodoxe.
En attendant les paroles d'un docte scientifique
Qui aura trouvé la pilule magique.

J'aime

J'aime écrire car c'est mourir un peu tous les jours et s'amuser des mots qui vous accompagneront jusqu'à la tombe. C'est vivre en rêvant le possible : l'utopie c'est mon continent perdu retrouvé dans ma prose ici et maintenant.

J'aime la grammaire c'est ma drogue philosophique, tout comme la science, sans oublier Rabelais mon mentor qui avec Gargantua m'a donné faim de lectures par ses repas frugales : ma substantifique moelle !

J'aime le dantesque pour oublier mon enfer et le grotesque pour l'aspect comique de ma tragédie d'exister.

J'aime l'ironie, sans elle, que serait mon monde de parcimonie ; je ne pourrais pas me partager en deux ou en quatre.

J'aime le sexe car pour moi c'est l'amour simple, comme une maladie sans versification. C'est telle une tontine où l'on met chacun son sadisme et son exubérance, on arrive quand même au résultat désiré.

J'adore la nuit car la lune illumine l'univers et ouvre les portes de l'infini : extase, hypostase. C'est la stance et la constance de la poésie qui m'ensorcelle.

J'aime le paradoxe, c'est pour moi la contradiction enfin possible, un fantasme qui vire à l'euphorie, à la géométrie non euclidienne du vivant : GAÏA. La raison m'emporte vers l'irrationnel, c'est ce j'affectionne dans la logique de l'écrit, cela survient telles la culture et la métaphysique : dire les choses du monde sans réflexion et sans pensées vagabondes.

J'aime le pessimisme quand il est naïf : une visée de recherche et d'introspection, respectives.

C'est la volatilité de la vitalité des volatiles que j'affectionne pour ce qu'ils sont capables de faire et cela seul : voler. De quel potentiel l'évolution nous a-t-elle ôtés !

J'aime pas !

Je n'aime pas l'hypocrisie laquelle est fondée sur l'envie et le manque d'argent des autres. L'hypocrisie repose sur le fait de nous faire croire que le nouveau n'est pas l'ancien régime, ou le nouveau produit. Rien n'est neuf.

J'exècre ma mère et ma patrie : c'est moi en plus petit. Le microcosme du macrocosme. Rien d'égal tout chose par ailleurs.

J'abhorre moi et mes humeurs, c'est une partie de moi-même qui voit le réel en poésie noire, littérature en bile jaune. Bref une douce mélancolie à s'en faire peur le soir.

Je n'aime pas le capitalisme duquel ressort ce libéralisme sauvage, Adam Smith et son livre fondateur « liberté » s'est perdu dans les limbes des coffres-forts bancaires.

Je déteste les lapidations que les religions ou l'athéisme justifient par des raisons, rien ne le justifie. La femme est centre du monde, nul bûcher ou pierre n'atteindra sa vulnérabilité naturelle à la maternité.

Je n'aime pas l'irréalisme pour ce qu'il n'est pas, encore moins le prosaïsme pour ce qu'il ne prône pas.

Je n'aime pas les parasites : les vers, la vermine car sur un cadavre cela grouille et cela me fout la trouille.

Les crimes m'horripilent, c'est l'escrime de l'abuseur avec l'abusé consentant cela me révolte : je suis lapidaire et je m'insurge contre les lampadaires qui éclairent les poteaux indicateurs.

Je n'aime pas les miasmes qui finissent en marasmes et sarcasmes : c'est une phase dans le déphasage de mon emphase.

Je n'aime pas le rasage ; c'est s'épiler comme une femme ! C'est-à-dire se plier à la haine du poil renoncer à la mode vestimentaire du patibulaire.

Jeux de mots

XX

Je n'ai aucune **tolérance** envers ma **névrose**,
J'ai de l'amour pour **l'imprudence** et la **tristesse**, à l'eau de rose
C'est comme se donner une chronique annoncée.

Un regard à **partager** avec **le vide**
Le vide est lui, capable de discuter avec soi :
Je vais comprendre **l'infini** pour toujours,
Partir à travers le monde fini, et le bled comme fleuve **amour**.

Comment supporter **l'existence** : **la vie et vivre** autrement ?
Tout est lésé et tout a laissé des traces **indélébiles**,
Mais ces douleurs ne restent que des leurres **provisoires** – ment
Tout comme mes **pulsions** sexuelles et mon fromage blanc
Et au pire, j'ai mon **chien** pour les **caresses** les plus tactiles.

Je me suis misc à **écouter**
Et on m'a trouvé **importante** !
Pour **changer** et j'ai essayé d'être **fière** par ces **signes**
Je suis **curieuse** de toi, mon reflet, mon corps m'assigne :
À résidence, enfin j'accepte ce fait et ces entre faits et leurs méfaits.
Je suis mon **existence** : elle est à moi ! Je suis elle et c'est sans effets !

En réalité, je suis également une autre,
Peut-être un peu « frâlée »,

Mais jamais je ne ferais **exactement** le poids contraire
Des choses que l'on me dit de faire, je suis une rebelle !
Je suis prête à conquérir **le monde**, et cela à tire-d'aile !
Pour mes **enfants** et mes petiots, ma chair de ma chair !

J'ai **peur** de l'inconnu pour eux
Mais **capable** et redoutable du **pire**,
Morsures de l'âme et je soupire
Du meilleur que je peux donner.

Galimatias

Lewis Caroll, je suis à toi ton univers censé être non sensé
« Les "gauges rauches" sont frugivores », dit Humpty Dumpty
« Et leurs repas frugaux et leurs torses rugueux »,

Il n'y a pas de non-sens sans philosophie qui l'accompagne, pour
dire et ne pas dire ;
Sans cela la liberté du patient, sa phraséologie disparaissent pour
toujours au pire !

Les galimafrées et les galimatias sont là et existent pour nous sans se goinfrer.
Les ports accueillent les porcs, ces containers emplis d'on-ne-sait
quoi à l'intérieur

Galimatias érotiques

Cette femme a les dessous que les dessus révèlent : elle ensorcelle, et bien plus encore ; fantasmagorie et agonie du désir ardent ardemment et subrepticement gardé en soi pour ne pas montrer ses intentions langoureuses, voire salaces.

Cigarette à la main, clope au bec, la cibiche à la bouche, elle tente d'un mouvement de lèvres – lesquelles ? – de m'aguicher elle est forte la « sagouine ». Son guichet est ouvert dois-je entrer à mon tour et me la payer sans détour.

> Cigarette à la main
> Vêtue de cuir
> Apprêtée avec soin

J'en ai besoin pourtant de cette envie de me la faire qu'elle en prenne plein son foutre dans sa face cibiche à main, clope au bec ; c'est pas simple mais j'aimerais bien… détourner son attention vers moi, qui fait le plantin. Je suis son pantin. Où est le parrain ? Son croc de maquereau ? Le tout dans une sauce à l'eau.

> Cigarette à la main
> Vêtue de cuir
> Apprêtée avec soin

Je me la fais comme tout homme doit le faire ; il ne peut lutter contre sa testostérone, il oublie la puissance des neurones : et je la prends comme une chienne, car j'ai souhaité que cela soit comme tel. Bon dieu ! Bonté divine ! C'est bon ! C'est jouissif ! Je lâche tout : explosif !

Cigarette à la main
Vêtue de cuir
Apprêtée avec soin

Kairos

Un trou de mémoire, un trou dans le noir,
C'est la conception du « non-sens »
Dans mon expérience privée et mes sense data : mes sens ?

Dans la rue des boutiques obscures,
Je cherche le clair-obscur le plus pur,
Idéal de la peinture qui dort en moi, sculpture…
Sur une terre argileuse la plus dure.

Sombre et solitude vont de pair avec ma béatitude.
Est-ce une simple question d'habitude ?
Non seulement le Kaïros,
Le moment opportun ou l'éros
Rencontre le dieu Chronos :

Le temps c'est la maîtrise de soi
La peinture sur soie, la voie de l'entresol
Les premiers tournesols : l'envol !

Jeux de mots

À grand-mère derrière son paravent
Merci à vous Mister Christian Prigent

XXI

On est tous des Menteurs
Qui disent le vrai du faux
On a été le Moniteur de nos actes à volo

Mais ces Voleurs de temps
Sont comme des Violeurs d'enfants
Des Tueurs qui gravent leurs noms à la sueur
De leurs noms à la manière d'une gravure de Dürer

Ce monstre Videur a le gras du bide
Ô J'ai tant envie qu'on l'évide
Qu'on l'éviscère
Tel un chien de l'enfer
Car il me fait Horreur
Il a le profil d'un Arnaqueur
Voire pire celui d'un Inspecteur
Qui mériterait une « Bullet in his Head »

C'est le Bonheur, c'est fait il est « dead »
C'est un rêve Enchanteur
Qui brille dans mon monstre de Cœur
La Chaleur me monte à la tête
Ce n'est pas mon sauveur qui m'affecte

C'est ce Chanteur mort-né à la voix morne
Certes, c'était un Coureur de jupons
Mais un Carreleur des mots et du son
Un ciseleur de musique monotone
Adieu mon ami Baschung
Bonjour la gloire des morceaux de zicmus
Qui resteront de toi mon vieux zig.

J'en ai ras la Casquette
Ne cherchez pas la Devinette
Cela n'a ni queue ni tête
Hormis, que ma Quéquette
Qui se cherche continuellement
Querelle me prend partiellement
Tout mon temps, si tant tassée
Qu'elle est, dans cet espace confiné, concassé !

Quand le vice est près de moi, un rien me presse
Et voilà qu'arrive Mistinguett : je stresse.
J'émoustille comme une brindille
Au vent d'une brise qui ventile,
Enfin, le temps s'arrête,
Je remets ma casquette,
Sur ma tête de « con – mettable »
Et ma quéquette

C'est un groupe d'hommes qui donnait au Capitalisme
$£€, Et cetera.
Ses lettres de noblesse en lettres capitales dans l'isthme
Du Pessimisme et de l'Optimisme ambiant.
Mais un jour se pointa un Communiste
Qui pour pas un sou n'était pas Individualiste
On peut même dire qu'il était Communautariste
Il exécrait le Socialisme et ses débordements
Il accepta le Libéralisme tout en le condamnant !

L'amour en gue tapent

La guerre naguère était champ de réflexion,
Aujourd'hui, c'est le champ des oraisons :
Lieux d'exécution des ordres
La mort se joue selon les Ordres du Vatican
C'est l'amour en gué tapent !

J'appuie sur un bouton, d'autres sur la gâchette
Tu mets la pression, j'enlève la braguette,
Tu ôtes tes bas nylons, j'enlève mes guêtres,
Le lit est là, à côté de nous, à quelques mètres

Allons, nous y allonger, pour nous permettre…
Quelques audaces salaces et enfin mettre,
Des gestes sur mots qui parfois ne veulent plus rien dire
Si la parole reste vaine, sans les baisers qui au pire,
Les accompagnent…
J'enlève mon pagne…
Qu'attends-tu pour le panier ?
Et prendre mes poignées d'amours
Dans tes mains de velours ?

Singulière(s) ?

(Numéro 1)
Frénésie d'icône poétique en portrait

C'est une frénésie d'un poème photographique, de portraits de femmes ou d'une femme en particulier. Peinte dans l'euphorie, cette série d'icônes de vierges noires. La boîte noire de l'appareil photographique, qui étymologiquement signifie écrire avec la lumière c'est ce qu'ici le peintre a tenté de faire avec la peinture.

Poèmes iconoclastes, éclectiques, acrylique, gouache et certainement nombrilistes. Poésie de couleurs qui est en frénésie de strophes. Sans pornographie photographique de la toile au cliché, celle-ci se dévoile au regard perdu dans les cadres. Le cadre pictural proposé sous forme de pictogramme nous emmène dans un voyage. Tout est dissolu dans une mélasse de couleurs qui se veulent libres, montrant la femme sous tous ses angles. Happening's thérapeutique néanmoins l'histoire reste à construire.

Transfert(s)

(Numéro 2)
Transfert ou le transport amoureux :

Faire le transfert, à ce qui se substitue à la femme qu'on aime en réalité ou en fantasme. C'est la psychose ou plus précisément la cure psychanalytique en œuvre qui provoque la névrose créatrice ici en action.

Le tableau découpé en quatre moments clés :
La rencontre,
La séduction,
Le désir amoureux, enfin l'amour frustré.

La morphine base de dette toile ; transfert de celui qui s'impatiente de ne plus être patient. L'impatience du trait se dévoile et nous fait découvrir l'amoureux éconduit qui dort en chacun de nous, et la souffrance qui s'accompagne de ce refus de se livrer. Comment s'en délivrer si ce n'est peindre la porte sur la psyché qui s'entre ouvre sur la féminité.

Femme lascive

(Numéro 3)

À l'huile d'arachide acrylique toile de coton taille 1M/60M
Femme incognito, lascive avec points jaunes, rouge, bleu

C'est l'entrée en matière, femme sur le bord excentré du cadre et pourtant elle sujet à part entière, central de cette toile. Adossée contre un mur absent elle attend lascivement Qui ? Quoi ? On ne sait pas vraiment. Femme aux formes plantureuses le point jaune affirme la féminité assumée, le point rouge la matrice prête à vous dévorer du regard et enfin le point bleu, le sol. La douleur et la douceur du piédestal sur lequel elle est posée dans la figuration qui nous est proposée.

Les bandes jaunes, mises en contraste en haut et en bas, permettent par l'alignement des lignes de démarcation blanches de mettre en valeur cette féminité éperdue. Le relief du fond de tableau symbolise à lui seul les aspérités d'un corps que l'on désire toucher sous les vêtements.

Le désir violent d'un homme peintre devant la sempiternelle sensualité ci-contre et contre laquelle on ne peut rien si ce n'est se laisser aller au regard et peut être accepter le fantasme sur cette rencontre comme exutoire à une autre histoire.

Désirs ardents

(Numéro 4)
Bras laissés à l'abandon d'une femme abandonnée.

La mise en scène toujours aussi densément intrusive met en perspective : une femme lascive abandonnée au plaisir, devant elle, deux hommes qui ne sont qu'un sont prêts à renoncer à leurs libertés pour s'adonner au plaisir charnel. Le péché de chair n'est pas encore consommé. L'attente et le désir sont ardemment représentés par l'effet de la main attachée par le poignet et tirée par un autre bras.

En vérité, ce bras est Traîné doucement lascivement tout comme la femme au fond du tableau, elle qui attend. Cette peinture exprime-t-elle le tiraillement du désir ?

Femme rose sur tambour rose

(Numéro 5)

Que dire ? Femme en pose de l'extase
En attente de l'hypostase.
Il aurait tant de stances à écrire
Tout est instancié
Instant – sciés par le temps du regard
Pénétrant, hagard et arrosé…

Femme bleue sur tambour jaune

(Numéro 6)

Femme bleue
Aux cheveux
Envolés
À la faveur d'une bourrasque,
Le tambour battant,
Le regard et le cœur palpitant
De nous voir la contempler.

S'il fallait compléter plus avant : faire un commentaire ?
Non ! Je dirais qu'il faut taire le comment ?

Mes ténèbres

(Numéro 6 bis)
Huile végétale

Fait de Bord d'eau pourpre
De noir de café, le tout agité
Pour du relief au goût
Une teneur de caféine
Pas de codéine…
Huile « vg tale »
Procédé qui s'étale
Comme un étal d'un marchand d'épices,
Il ne reste plus qu'un certain regard,
Un incertain jeu de lumière
Pour mieux entrevoir
Une ombre sur l'âme noire,
Du créateur et son dur labeur.

Les ténébreuses

(Numéro 7)

À la différence de l'huile « Vg tale »,
L'huile végétalienne se veut
Pour autant qu'on le veuille
Un accessit à la nature
Concrète dans et avec l'abstrait.

Les saillies du relief central se veulent plus fines
Plus discrètes
Le regard doit aller plus loin
Comme faire l'effort alimentaire
De l'abstinence de toute viande, ou produit animal.
Le peintre ne teste que le végétal
Non pas dans sa nature abdominale
Mais libidinale.
Le sens est donné

La co-présence à la toile vous est offerte
Sans aucune perte de soi, mais un gain ;
Un regain d'intérêt pour soi.

Venus d'ailleurs

(Numéro 8)

Ces Vénus venues d'ailleurs,
Démasquées d'africanités :
Sorties d'une torpeur,
Terreur aphrodisiaque
Maquillées et apprêtées comme seules
Le sont ces femmes de ces contrées lointaines
Des horizons irisés et irradiés du soleil,
Le sombre ici prend sa dimension :
La « sombritude, » des vénus.

La femme et l'éléphant

(Numéro 9)

La gardienne du Cimetière des éléphants ? Les consolations d'une femme à l'allure éléphantesque, embuée d'écriture sibylline en fond de toile.
Les Femmes éléphantes enfantent-elles d'enfants ailés ? « D'ailés-fants » ?

Que dire qu'observer dans ce tableau
Que la tendresse maternelle donnée à l'éléphanteau
Au front duquel est souligné le troupeau,
Et la succession de croix et de tombeaux

La seule protection semble être
Ces embrasures qui les surplombent
Avec ces luminaires qui partent du chapeau
De la mère éléphantesque
À l'oreille de l'éléphanteau

Défonce lyrique

(Numéro 10)

C'est lors d'une ivresse tellurique
Qu'une envolée mystique et acrylique,
M'a prise soudainement,
Pour ne plus s'en départir,
J'étais en pleine défonce lyrique,
À en peindre à la laine,
Respiration haletante,
Il m'a fallu jouer avec le corps : le déconstruire !

L'aphasie du peintre jaune en bordure gauche,
Nous envoie à des couleurs dégoulinantes sur fond de tableau.

Défonce lyrique d'une ivresse en public
Lyre de l'ivrogne devient son hydre,
L'ivresse lyrique, un éloge à la paresse
Peintre tellurique

Gaïa, le tellurique cherche la terra incognita
Passage de l'ivresse au collapsus
C'est en définitive une sculpture de soi,
Narcissique, est l'artiste maudit sans prépuce.

Éléphantesque

(Sculpture)

Ailé et fantasque,
Cet éléphant
Cherche son casque
À ailette en sang
Il s'est trompé
Dans sa tristesse
Sa trompe a gonflé
Énormément
Ces moments sans défense
Il se les défonce et pense
Fantasque et éléphantesque éléphant
C'est « enfantesque » grotesque et burlesque

Souffrance

(Sculpture)

Indescriptible, intolérance de la foule,
Il devient et ne comprend rien, maboule
Le fil de fer et d'acier
Bleu et blanc, blanc bleu,
Je suis de sang bleu
Sang-froid d'effroi
De souffrance de démence
Je suis « frâlé »
Frappée de l'enfer
Mythiques colères des dieux
Dont seuls les hommes sont les souffres douleurs.

Révolte intérieure

(Sculpture)

Le poing hors de moi,
Ma colère me défonçant le crâne
Le point austère, auscultant mon âme
C'est une tempête dans ma tête
Un ouragan de merde
J'hurle dans la foule pittoresque
Ces étrusques attendent encore
Le coup de poing herculéen.

Le trait (première version)

Je suis écrivain. Il est vrai que tout le monde peut se qualifier d'écrivain du moment qu'il écrit : soit un roman, une nouvelle, une lettre, une phrase, un mot. Eh bien moi je n'écris rien !

Oui un auteur de romans aux feuilles blanches. Cela peut vous paraître de la folie ou de la provocation. Mais les manuscrits, que je donne à lire à mes camarades de la maison de santé, et où il n'y a d'écrit que le titre, font fortes impressions dans les couloirs.

On m'a interné pour ce grain d'originalité, qui certes dérangeait les plus grands de ce monde. Moi l'auteur du « rien » qui se présente au prix Goncourt, il faut délirer ou vouloir provoquer l'ordre, la morale.

Après avoir écrit « Le rien », « Le vide », « L'abstrait », « le Point ». Ah oui « le Point » est une œuvre à part des autres ! Le papier n'était plus blanc mais tacheté de points. De telle sorte que toutes les deux pages, la disposition soit la même que la première, et qu'intermédiairement les points représentent différentes cartes du ciel ou animaux imaginaires. Là remarquez, il y avait du progrès ; non pas du côté de mon travail personnel mais du plaisir, j'ai voulu donner aux critiques. Mon dieu que n'ai-je pas fait là ! Erreur ! Leur mécontentement fut plus grand. On me qualifia d'escroc !

Il est vrai que j'ai trahi mon étiquette d'auteur du « rien ». Mais il faut changer, varier, évoluer dans son talent. Aussi, après l'effet de mon œuvre « Le point », j'entrepris d'écrire « le trait ». Hélas on m'interna avant.

Oui, j'écris de ma cellule capitonnée, je vous prie. Je suis bien là-dedans. Je suis dans monde de la folie, folie des hommes. Je plonge au sein de l'aliénation la plus profonde, souvent la plus drôle et la plus cynique. Non ! Je ne suis pas fou moi-même, mais je suis comme eux : rejetés, incompris des autres qui se croient normaux. Ne seraient-ce pas eux les fous, et nous, les normaux ?

D'abord qu'est-ce que la normalité ? Un défaut de virilité, de futilité ? Rien à voir si ce n'est stupidité d'écrire pour ne rien dire. Enfin, bref, c'est une question que je me pose depuis mon séjour à l'asile. On m'y psychanalyse pour savoir et connaître les causes de mon « génie », de ma normalité. Bizarrement, ils me qualifient du seul malade souffrant de paranoïde aiguë allant vers l'expression de cette maladie introvertie, ici dans mes ouvrages aux feuilles vierges, à mes textes du « rien du tout ». Bref, je souffre d'une recherche de la normalité dans l'irréalité de ma subjectivité que je crois objective.

Moi je penserais à mes œuvres en tant que « rien du fou », mais après tout je n'en ai rien foutre de ces histoires. Seul compte pour mon moi intérieurement in extérieur : ma tête de con. Je dis ça car maintes de mes camarades de l'hospice, notamment Napoléon qui me surnomme ainsi depuis qu'il a lu mon livre le point. Il a jugé préférable et empirique, « qu'y dit », de m'appeler tête de con. Pour quoi et comment lui est venue cette idée sur moi ? Seul son empire de tête le sait.

Mais revenons à notre sujet à mes mots abstraits : je suis assis en tailleur sur le sol de ma pièce avec tout autour de moi des crayons de plumes et des feuilles blanches : blanche portes, blanches cramoisies, blanches bleues, blanches comme dents jaunes et noires. Blanches comme le plâtre et le ciment de mes murs capitonnés ; blanches comme mes idées noires. Bref un blanc comme je veux, puisque plus blanc que blanc c'est incolore, enfin pour ma part !

Je me mets à la tâche, non pas tâches sur ma feuille blanche (pardon incolore), mais tâche = travail = besogne. Oui, je me mets à la tâche mais encore faudrait-il avoir une idée pour débuter mon roman.

Oh tirons un trait sur ma carrière d'antan d'écrivain de « rien du tout ». Mais « trait » n'est-ce pas la suite logique du point ? Après le trait vient la demie-droite, la droite, le volume, vient l'infini. Mais l'infini n'est pas le rien ou plutôt si !

Oui, le nombre Zéro est un infinitésimal chiffre et de nombre de solutions de l'imaginer, puisque chacun est issu d'un rien pour donner un tout. De même que deux points forment un segment, un trait est le signe d'un effacement d'un tout pour donner à nouveau un rien, ou un trait final.

La finalité c'est « l'annonce ment » d'un tout fini, or ce qui est fini n'est pas infini donc ce n'est pas un rien est-ce là une finitude ? Dans ce cas, j'aboutis qu'au suicide ? Donc le trait est la frontière entre le rien et l'infini, le tout le concret et le défini.

Si je comprends, ma folie est mesurable car j'ai trouvé les fonctions du trait. Je ne suis plus fou mais normal. Là débutent les mots, les phrases, les chapitres, les intrigues, les histoires proprement dites. Tout cela n'est pas ma raison de vivre. Je suis normal comme les autres du dehors ? Un écrivain authentique ? Du « tout » ni du « rien du fou » ? Je vais devenir normal ! Me normaliser ! Me futiliser ? Me rendre anodin ? C'est impossible ! Impossible !

(Il était écrivain de rien du tout et tira un trait sur son nom sa fonction sa raison de vivre, sur sa vie – il avait aussi découvert que le trait était la frontière entre la vie et la mort).

Le reflet

I. Première rencontre, premier « daimon »

Visage, ce visage,

Pris dans la glace, dans la glace de mon miroir cela me glace de terreur !

Visage, ce visage

Que je distingue bien, il me ressemble bien, pourtant ce n'est pas le mien !
Non, ce n'est plus le tien ni le mien ! Celui de ma jeunesse

Visage, ce visage
Avec le regard vitreux, qu'expriment mes souvenirs poussiéreux

Visage, ce visage

Il n'est pas le mien, il n'est plus le mien, c'est le sien, oui celui de mon pair

(Dialogue entre le reflet et moi)
Lui
— Visage, ce visage t'appartient Fabien, il n'est pas le mien !

Moi

— C'est le tien, ce n'est pas le mien, dis-le-moi !

— Regarde ! Regarde bien, n'est-ce pas ton regard, ton sourire, qui se trouve sur ton visage. C'est le mien et c'est le tien Fabien.

— En es-tu sûr ? Cherche bien ! je suis Fabien, nous le sommes. Je suis toi, toi, tu es le mien ! Sans moi tu n'es rien sans toi je ne suis rien. À nous deux, nous sommes Fabien.

— Mais ce regard haineux, ce sourire maléfique ne sont pas les miens !

— Ne comprends-tu pas encore ? Je suis ton opposé. Je suis le mal, ton mal.

— Tu ne m'appartiens pas ! Je ne te crois pas ni ne désire te voir en moi !

— Pourtant, dès ta naissance nous avons fait le mal et le bien, ensemble. Si tu ne veux pas partager notre place, ton être vacillera dans la folie, le déséquilibre.

— Pourquoi te montres-tu à moi ? Et me torturer ainsi ? Je ne sais même pas qui je suis ! Pourquoi me dire ces mots, ces paroles insensées.

— Ces folies sont ta réalité ! je viens à toi pour me sauver, te sauver et sauver Fabien. Tu as voulu oublier ton passé, ton histoire, ton existence. Or nul ne le peut sans se perdre à jamais. Je suis là pour te révéler ce que personne ne sait consciemment. Chaque être est partagé en deux ! toi le bien et la raison ; moi la passion haineuse et amoureuse. Or la raison que tu dois incarner s'est dissipée. Car tu as découvert consciemment ce que cache notre inconscient. Dès lors, tu as voulu tout oublier ; te détruire même te suicider. Non pas physiquement mais mentalement. Et là, j'interviens pour t'en empêcher !

— Je me souviens maintenant j'avais quinze ans. Il y a longtemps, très longtemps. Pourquoi vivre avec ce mal viscéral en moi. Pourquoi l'homme ne peut-il être parfait ? Je me souviens désormais de ces questions. Mais dis-moi pourquoi t'opposerais-tu à moi et à mon suicide ?

— À notre suicide ! non au tien seulement ! ni à mon meurtre ni au meurtre de Fabien ! vois-tu souvent les suicides sont des actes dirigés par sa partie passionnelle jamais par celle de la raison (mis à part le nihiliste). Et là, c'est toi qui empiètes sur mon territoire ! Le suicide est un acte passionnel pas rationnel ! Et tu veux, par ton geste, me prendre ma part d'irrationnel, de folie ! Ce n'est pas raisonnable ! Je ne suis pas d'accord !

— Et pourquoi le raisonnable ne deviendrait-il pas déraisonnable ? N'est-ce pas là une question philosophique qui a sa place dans la partie de la notion de raison. Le non-sens se détermine par le sens, quel qu'en soit le type d'énoncés ; et les principes dénoncés par le non-sens ?

— Soit, tu es dans le vrai, mais je ne suis pas là pour tergiverser et deviser. Que seule une question déraisonnable ne puisse être traitée que par la raison, mais jamais l'acte déraisonnable, c'est ma partie !

— Et si je te proposais l'acte ? l'acte de suicide conçu par toi ? Que ferais-tu ?

— Rien. Car jamais je n'accepterais de mettre fin à mes jours pour l'éternité car ce que tu me proposes c'est ma mort et la tienne. Je suis ton garde-fou et ton fou de garde. Il te faut raison garder je refuse de t'aider.

— Alors je te combattrais pour arriver à mes fins. Ma fin ! Celle de mon existence ! La mienne !

Le reflet

II

Ne pas oublier
Ne pas soupirer
C'est dans la désinvolture
Que je parviens au parjure
Mais non sans mésaventures
Je construis mon mur !

C'est abandonné un peu de soi-même
Pour l'autre chien des enfers
Ce chien de mes entrailles
C'est encore un peu plus de mitrailles
Qui pénètrent ma chair et mon corps
Ça vous entrailles !
Et ma mort dans tout ça !

C'est une conversation conflictuelle
Contre mon image virtuelle
Regards immatériels
Contre moi-même
Contre lui-même
Contre nous-mêmes

Ce reflet derrière la glace
C'est moi ; c'est lui en face
Il faudra que l'un d'entre nous s'efface
Et j'y perdrais la face si je m'efface
Et j'y perdrais la face si je m'efface

C'est une conversation conflictuelle
Contre mon image virtuelle
Regards immatériels
Contre moi-même
Contre lui-même

Jeux de mots

XXII

Intuitif et mathématique je le sens et je le suis,
Contre-intuitif dans le **Néant** qui m'envahit, également.
Cela me nuit et cela m'ennuie.
Je me ressens comme un **Mât** de misaine branlant
Mais je n'en ai que le teint du fier manant, qui
Sabre à la main se prétend être un corsaire au pied marin

J'ai perdu mon **Lard** au ventre au profit max
Des Cigarettes, du Whisky et du Xanax
D'abus excessifs, j'en ai attendu **le Déclic**
Pour arrêter mes élans perdus dans le cirque
De mes états d'âme **Glauques**
J'ai toujours eu une voix rauque,
Avec laquelle je chante
Et j'enchante en douce pente.
Il me reste à construire une sous pente,
Une archi texture
Au goût de levure
La pâte va lever,
Mes pas vont m'élever.

XXIII

Libéral, je crois l'être, c'est comme le **Tabagisme**
Solitude du fumeur qui se tue à petit feu : fumer tue
Cette **Auberge espagnole** qu'est le monde
M'indispose car on y oublie **la liberté**
Et mon **Stress** dans tout cela m'oppresse
Ai-je besoin de **Rêves** face à l'immonde
Ce monde de **Cauchemar**
Ne vaut pas mes **Nuits**
Sans **Médicaments**

XXIV

Pour faire de la Moto, point trop n'en faut
L'Amour dans le vent dans le souffle de la vitesse
L'Enfant sort avec le casque sur la tête
Posé telle une caresse
Voiture cocon austère, qui s'entête
À trouver une place dans la Maison
Comme la Grossesse qui y entre également
Belles Amitiés, beaux amours, on se ment
Les Palabres et les arbres à cons

XXV

La **tranquillité** repose
Le **repos** tranquillise
La joie égaye

La nature bégaye
La **vie de famille** volatilisée infantilise :
Elle s'approche la ménopause… ?

XXVI

À Fabienne le 27/03/09

C'est chargé **d'Émotions** électriques
Que je me frotte au **Velours** synthétique
Je recherche un brin de **Sincérité**
Rien que dans un **Regard,** excité ?
Ce n'est qu'un peu de **Chaleur**
Qui se charge d'un **Partage :**
Générosité sans âge et sans relâche.
Et pourtant Il faut : **Lâcher prise.**
Où est donc cette emprise
Sur moi qui reste coi et surprise ?

XXVII

Moult **Relations** m'ont permis d'approcher le néant
Seule **la Musique** a su me permettre séant
Tout autant que **le Sport** et prendre soin de mon corps
Accepter ma **Famille** sans regret ni remords
Ce sont les **Etudes** qui m'ont offerte au démon
Imprégnées d'une double **Culture** non pas à la con.

Car J'ai appris sur moi la **Curiosité** effrénée.

En revanche, j'ai oublié l'**Amour de soi**
Au profit **de l'Amour des autres**
Qui se vantent du ventre, se moquent du verbe et s'y vautrent
Vivre pour l'altruisme cela s'apprend comme ça
Sans **Profiter** de soi, on se ment en s'aimant.
Je suis ce qui ce que je suis ; peut-être encore une enfant.

XXVIII

Paix pour soi et en soi
Sans **Amour** véritable
Mais une seule **Vérité** qui va de soi
Tous les **Chemins** mènent à table
La Lumière s'invite à moi
La Vie s'est offerte en moult émois
Elle a brisé ou consolidé **la Confiance**
Que j'ai pu donner parfois avec **Assurance**
C'est en cela que réside ma Bonté d'âme

XXIX

Je suis lasse et là en **Stand-by**
J'ai même envie de dire **By By**
C'est le désir de **Partir loin** qui me tenaille
C'est mon bide qui à force de **Rebondir** sur la canaille
M'empêche d'Atterrir quelque part en Cornouailles

C'est **le Jour et la nuit** qui me sont difficiles, j'en ai mal aux entrailles
Je dois m'enquérir de quelques **Auspices** et de mauvais présages
Je hais **les Pétasses** pour ce qu'elles ne sont pas : des femmes
Ça Repousse : on l'a toute été un peu,
Mais moi, à cela, moi j'ai plus l'âme

Cette **Caste** de femelle emberlificotée, qui joue à la « pas – sage »
Ça me dépasse et je **Trépasse,** trépigne jusqu'au poitrail

Ma vie est une **Allégorie**
Faite de **Musique**
Et d'élan **Euphorie**
Y'a pas eu de **Symphonie**
Tout en bouteille **Trop trop**
J'ai joué une vie **au Bistrot**
Fichtre j'y laisserai pas ma vie entière
Je finirai comme un **Cloporte**

Alors je **Dégage,** je vide le bastingage, arrière,
Arrière toute, il est temps que j'en sorte !
Et que j'ouvre enfin la porte !

Effet à retard

Défenestration du personnage : mon geste.
Défoncement de l'embrasure et là :
Je suis, j'existe enfin, en moi.

Les jours défilent surtout en mois,
Les semaines s'égrènent
Jusqu'à ce que les lumières s'éteignent
Raser les cheveux : poux et teignes.

Éloignement de la crise d'angoisse
Il y a des moments de poisse
Le poisson masturbateur
Ou bien l'instigateur.

L'heure du repas arrive,
Que vais-je manger aujourd'hui ?
Les odeurs m'enivrent, elles avivent
Mon instinct de chasse, vont-elles jusqu'à lui ?

Je suis ce que je suis

Je suis ce que je suis
Un mélange de sperme et d'ovule
J'écris pour ne pas mourir
J'écris pour me nourrir
J'écris pour vivre
J'essaie de survivre

J'ai ouvert le livre de mon enfance
Il reposait sur la table de chevet
Mes souvenirs d'écoles reviennent à l'instant
À la lumière du soleil du matin
Je me rends compte que le vers est dans la pomme
Je suis maintenant devenu un homme
Qui s'abreuve de café clopes

Sur le tableau blanchi à la craie de ma vie
Je me souviens de moi assis sur une chaise
Accoudé à mon bureau amovible
Seul de ma section dans la classe
Les mots ma maîtresse résonnent
Encore dans ma tête ornée d'un bonnet rouge

Si l'on souhaite faire de la philo dans un fauteuil
C'est comme si les madeleines de Proust
Nous accordaient enfin le deuil
Dans la brume de notre existence
S'écrivent de longs poèmes sans stances
Avec un alphabet rudimentaire
Mea culpa comme tous je finirai en terre

C'est la farandole de petits squelettes
Le tic-tac du pendule nous rappelle que le temps passe
Il défile, il s'écoule sous la houlette
De la mort qui nous attend : patiemment

Du porte-manteau en alu
Aux mouchoirs vermoulus
Tout n'a été écrit qu'à l'encre sympathique
Tous ces espoirs effacés devenus mutiques
Être un homme un adulte c'est nier toute régression
Or tout n'est qu'agression
Que ne faut-il pas pour retrouver nos
États d'âmes d'enfant que l'écriture
Écrire c'est grandir à coup de ratures
De biffures de réécriture qui peut être vaine
Mais sans commune mesure avec l'enfant qui vit en moi

Les pieds dans le feu

La cheminée était de marbre noir, lui-même réchauffait la main quand on le touchait avec le feu dans l'âtre. L'homme, étendu par terre, les bras en croix, le regard fixant les flammes danser autour du bois en feu et de la braise rougeoyante. Le feu crépitait ardemment et l'odeur de sapin remplissait la pièce. L'homme, lui fixait, non pas le feu mais ses pieds nus plongés dans la braise…

Il attendait que la douleur fasse son effet, mais cela faisait une plombe qu'il poireautait sans que rien ne se produisît. D'ailleurs, il voyait ses pieds se décomposer et se noircir ; la chair tomber cuire et bouillir sous l'effet de la chaleur. Aucune douleur ! Rien ! Il se demandait s'il n'était pas déjà mort pour ne rien ressentir à ce point ; or il voyait sa poitrine se gonfler et se remplir d'air et se dégonfler, cela régulièrement. Que passait-il ? Il avait essayé de se lever mais ses membres ne répondaient plus. Que fallait-il faire ? La puanteur de la chair brûlée se répandait dans le logement.

L'homme ne pouvait plus ni parler ni crier. Rien ne sortait de sa bouche : aucun son, pas d'air. Il était muet. « Mes pieds brûlent et même se consument sans que rien ne puisse l'empêcher ni qu'aucun stimulus ne parvient jusqu'à mon cerveau », se dit-il. Que fallait-il faire sinon tout essayer pour se sortir de cette panade. Ne rien faire serait une gageure ! Mais malgré toutes ses tentatives aucun effet perceptible sur chacun de ses membres : doigt, bras, jambes, cils, bouche, lèvres. Il a même essayé de contracter certains de ses muscles : aucune réaction aux stimuli de sa volonté.

Dans quel « état » cette situation dans laquelle il se trouvait le plongeait-il ? Serait-il en définitive mort ? Était-il inconscient ? Ou bien alors plongé dans un coma particulier où sa conscience perceptive de l'environnement extérieur n'était pas altérée, mais exacerbée. Quel spectacle a pu permettre cette mise en scène ? Mon corps et mes pieds sont calcinés. Cette calorisation vaut celle du papier sur lequel figure le commencement de cette nouvelle. Le papier brûle. Mon corps brûle. Enfin, je sens la douleur de la fin c'est le choix de l'auteur. Je me sens vivre enfin même pour un bref instant : une page et un point final. Le feu s'est éteint. La braise est froide.

L'air de rien

Je suis dehors, je sors.
J'essaie de mordre au mors
Je suis un équidé sans cavalier.
Un espadon, un poisson sans filet.
Il suffit que je m'éclipse.
La pièce rapportée doit être lissée
Je n'ai pu m'évader
Seulement jusqu'ici : m'évider.
La tête et je ressemble à un bovidé.
Une bête à cornes qui va à l'abattoir.
Ces derrières blonds ou bruns
Tous me bousculent
Et je m'émascule
J'éjacule
C'est plus simple
Que de se camisoler chimiquement
Les petites filles m'affolent
M'affriolent, m'étiolent
Il y a pire qu'un masque au vitriol.
L'air de rien, je les mate quand même
Je ne leur ferai rien
Bientôt, ce seront leurs mains
Qui demanderont du masculin.
Alors l'air de rien,
J'attendrai peut-être pour rien,
Mais l'air de rien
Je serai toujours un vaurien.

Visant la fractale
Je vais brise – lame
Je vais brise – glace
Contre ce miroir, « cela pense »
Cela s'écrit : « es denkt ».
« Je pense » mais « ceci pense en je »
Ceci était ma main
Manufacturée, fracturée, fissurée.
Mais ma main est au diapason avec ce qu'elle écrit.
J'assume les idées qui me traversent et m'envahissent
C'est ainsi
Défigurée, dépigmentée
Peinture en fil d'Ariane
D'arachnides,
Les orchidées dehors sont mortes et fanées
Torpeur et quiétude
Inquiétudes et boule quiète
Je m'en vais, je m'affaisse
Bébé fessu et joufflu
Il en faut toujours plus.
Et toujours moins alors pourquoi en faire plus !

Ma vie a volo

Ma vie est une aquarelle,
Un lavis sans fond délavé par le ciel
À vau-l'eau, ma volonté
Partait à volo

J'engloutis mon poing dans la bouche
Espérant croquer la vie à pleine bouche !
Dans la mangrove de mes émotions
Je patauge dans les marasmes
Écumant dans les miasmes
De mes colères sans raison

J'espère trouver une oasis de paix
Tranquillité de l'âme et de la liberté
Sous l'humidité de la pluie et d'une frêle ondée
Trempé je suis alerté que peut-être ma raison est altérée

Je fais plouf dans la bouffe,
Je m'isole dans mon pouf
J'ai beau ruisseler de sueur
Je transpire la peur

Je suis effrayé de vivre d'être vivant
La vie c'est « splitant », pourtant je suis spitant
Sur mon sort et ma frêle existence
Je ne suis qu'un grain de sable qui rime avec les stances.

Pianissimo

Je suis mélancolique jusqu'au bout des doigts
Je joue avec notes en cherchant l'exaltation
Voire à l'extrême : l'euphorie
Tout vire à la fantasmagorie

Je vis le jour, je meurs la nuit
Oui, j'écris la nuit
Sans réelle inspiration

Et je crie j'vomis mes textes sans raison
Le tout est féérique mais fécond
Je joue du piano avec nostalgie
L'insomnie me guette la nuit
Et j'envisage la fin de ma vie
Car mon cœur n'en a plus l'envie

Pourfendues dans l'âme
Le cœur brûle dans les flammes
J'ai beau hurler aucun son ne sort de ma bouche
Mon corps se délave sous le jet de la douche

J'ai l'impression que ce monde a oublié Buchenwald
Les horreurs se décomptent lentement comme un compte à rebours
Où tous les sentiments s'écroulent y compris l'amour
Tout s'accélère, et cela vaille que vaille

Mon cerveau se trouble devant tant d'écrans
Où le temps s'écroule devant tant de connexions
Les gens s'oublient dans l'espérance de l'argent
L'humain, l'homme n'est en définitive que le roi des cons.

Imprimé en Allemagne
Achevé d'imprimer en décembre 2022
Dépôt légal : décembre 2022

Pour

Le Lys Bleu Éditions
40, rue du Louvre
75001 Paris